不独芸编千万卷

——图书馆讲座实务

Much More than Millions of Books

——Library Lecture Practice Guide

雷菊霞 著

海洋出版社

2023年 · 北京

内容简介

本书是以图书馆讲座实务为内容的参考性著作。书中采用理论和实践结合的方法，以图书馆讲座的策划与实施流程为主线，结合实例阐述讲座的策划、实施和管理等环节，并对其规律进行理论总结。本书作者负责高校图书馆讲座工作多年，其丰富的实践经验和理论性阐述，将更好地推动图书馆讲座的规范化发展。

图书在版编目（CIP）数据

不独芸编千万卷：图书馆讲座实务/雷菊霞著.
—北京：海洋出版社，2023.3
（二十一世纪图书馆学丛书／丘东江主编. 第五辑）
ISBN 978-7-5210-0508-0

Ⅰ.①不…　Ⅱ.①雷…　Ⅲ.①院校图书馆-图书馆工作-研究　Ⅳ.①G258.6

中国版本图书馆 CIP 数据核字（2019）第 297680 号
BUDU YUNBIAN QIANWANJUAN

责任编辑：杨海萍
责任印制：安　森
海洋出版社　出版发行
http：//www.oceanpress.com.cn
北京市海淀区大慧寺路 8 号　邮编：100081
鸿博昊天科技有限公司印刷　　新华书店发行所经销
2023 年 3 月第 1 版　2023 年 3 月北京第 1 次印刷
开本：787mm×1092mm　1/16　印张：13.25
字数：180 千字　定价：88.00 元
发行部：010-62100090　邮购部：010-62100072　总编室：010-62100034

《不独芸编千万卷——图书馆讲座实务》编委会

主编弁言

“二十一世纪图书馆学丛书”第一、二、三、四辑出版以来，受到图书馆工作者的欢迎。因为其主要特点是选题务实、信息新颖、内容丰富、注重图书馆实践和结合图书馆工作实际。

现在，该丛书第五辑出版的13个选题，是从60多个应征稿件中仔细挑选出来的。这些选题力求题材独特、知识丰富、立意新颖和可读性强。

“二十一世纪图书馆学丛书”第五辑涵盖面比前四辑更为广泛，包括《特色资源元数据设计与应用》《高校图书馆研究影响力评价服务实务》《图书馆传播理论与实践》《海上图林——海派图书馆事业的萌芽与发展》《专题馆，图书馆深化服务的探索》《不独芸编千万卷——图书馆讲座实务》《信息技术在图书馆的应用》《新时期上海图书馆文献编目工作实践》《连续出版物机读目录的编制》《图书馆世家的读书种子——沈宝环之生平、著述与贡献》《两个世界图书馆合作组织知多少》《图书馆，不仅是藏书楼》《图书馆里的巾帼典范——海外图书馆知名女性理解的阅读与人生》。

我想上述选题内容，图书馆馆员会有兴趣阅读；相信这些务实的专业论著的出版，对图书馆现时的工作有所裨益、对图书馆馆员知识水平的提高有所帮助。

丘东江

2019年7月于北京东升科技园

前言

图书馆讲座指通过举办各类讲座来进行知识传播，以进行读者教育的图书馆业务，是图书馆发挥其社会教育功能、信息传递功能、智力开发功能的重要活动形式。图书馆讲座是图书馆信息服务的重要内容，尤其是进入 21 世纪之后，公共图书馆和高校图书馆的讲座服务得到了迅速发展，至今已被业界认为是图书馆的主流业务和核心业务之一。

随着图书馆讲座工作的逐步深入，从事讲座工作的同人深感工作指南和手册的缺乏，尤其是实用性强的工具。有鉴于此，笔者近年在从事讲座工作的同时，一直关注有关的研究，查阅收集了大量的文献，结合北京师范大学图书馆多年的讲座历史资料和内部工作手册，编著成册，希望本书能对图书馆界同人了解图书馆讲座工作流程、特别是高校图书馆讲座业务实务方面有所裨益。为保证本书顺利完成，笔者特别邀请了茹海涛和吴英梅两位资深馆员和高冉、钊林真、张珅三位青年馆员参与编写，信息管理系研究生孙汝佳同学也参与了部分章节的编写。全体编写人员都有从事本馆“专家讲座”的工作经历。具体分工是第一章由雷菊霞编写，第二章由高冉编写，第三章由茹海涛编写，第四章由张珅编写，第五章由钊林真编写，第六章由孙汝佳编写，第七章由吴英梅和雷菊霞编写，第八章由雷菊霞编写。乔婧参与了文献资料搜集和参考文献整理等工作。全书由雷菊霞统稿和审校，茹海涛老师参与了全书的审校，在此特别致谢。

“人间福地有琅嬛，坐拥图书即是仙。不独芸编千万卷，更珍席上聚群贤。”这是启功先生 1992 年为北京师范大学图书馆“专家讲座”的题词，表达了启功先生对图书馆讲座服务的赞誉。本书以“不独芸编千万卷”为名，也是希望图书馆的服务不囿于传统，在服务创新的路上越走越宽。

由于编者水平有限，加之多人编写，因角度不同，难免有错漏之处。不当之处，敬请读者不吝指正。书后的参考文献亦未能一一注明，在此对所有参考文献作者一并表示感谢。

雷菊霞

2019 年 4 月

目录
Contents

第一章
图书馆讲座扫描

第一节　讲座与图书馆

一、何为图书馆讲座

图书馆是社会知识、信息文化的记忆装置和扩散装置。具体而言，图书馆是搜集、整理、收藏图书报刊等文献信息资料并向读者提供文献使用及参考咨询服务的文献信息机构，也是为一定社会、政治、经济服务的文化教育机构。相对于传统图书馆，数字与网络环境下图书馆藏品的载体发生了很大变化，不仅包括传统的纸质文献，还包括数字资源和音视频资料，图书馆的服务也从传统的借阅延伸到了数据服务、知识服务等领域。当代图书馆不仅被视为文献信息中心，更被视为知识中心和学习中心。

图书馆的类型有很多种，中国图书馆界通常按照图书馆的管理体制，结合图书馆的目标、功能、用户群体等要素，将图书馆划分为：国家图书馆、公共图书馆、学校图书馆、科学图书馆、专业图书馆、技术图书馆、工会图书馆、军事图书馆、儿童图书馆、盲人图书馆和少数民族图书馆等。不论哪个类型的图书馆，其主要业务工作可以概括为两大类，一类是信息输入工作及文献的搜集、整理和组织典藏工作，即文献资源建设工作；一类是信息输出工作及文献的使用和服务工作，即用户服务工作或读者服务。其中图书馆讲座业务即属于用户服务工作的范畴。

在上述各类图书馆中，通常认为公共图书馆、高等院校图书馆和科学图书馆是中国整个图书馆事业的三大支柱，因为这三大系统图书馆的馆藏文献较为丰富，技术力量较强，并承担着文献资料中心、服务中心、协调中心和研究中心的重要任务。鉴于篇幅等原因，本书的图书馆讲座主要是指高校图书馆和公共图书馆开展的讲座业务。

（一）公共图书馆讲座含义

图书馆讲座（Library Lecture）是指图书馆工作者通过策划组织讲座对话、或运用各类讲座来进行知识传播，以进行读者教育的图书馆业务。讲座是图书馆发挥其社会教育功能、信息传递功能、智力开发功能的重要活动形式。从理论上而言，依据图书馆学学科体系，图书馆讲座应属于图书馆服务学研究领域，是其信息服务与用户研究内的阅读辅导工作。在图书馆的业务体系中，讲座与外借、阅览、文献传递、科技查新、学科服务和培训等一起构成了图书馆信息服务体系，这是从实践角度来看。目前，不论是公共图书馆还是高校图书馆，许多学者都认为，讲座不仅是发挥图书馆职能的重要形式，而且已逐渐成为图书馆的核心业务之一。

《中华人民共和国公共图书馆法》（以下简称《公共图书馆法》）指出“公共图书馆是指向社会公众免费开放，收集、整理、保存文献信息并提供查询、借阅及相关服务，开展社会教育的公共文化设施”。公共图书馆讲座是指公共图书馆组织的，由主讲人和听众共同参与和交流的文化活动，具有公益性、公开性、大众性等性质，是图书馆教育职能的拓展和延伸。公共图书馆开展讲座的历史悠久，自改革开放以来，公共图书馆讲座服务得到了长足的发展，形成了一系列讲座品牌，如国家图书馆的“文津讲坛”，上海图书馆的“上图讲座”，山西省图书馆的“文源讲坛”和陕西省图书馆的“陕图讲坛”，首都图书馆“首图讲坛”系列讲座，浙江图书馆的“文澜讲坛”，吉林省图书馆的“长白讲坛”，山东省图书馆的“大众讲坛”，黑龙江省图书馆的“龙江讲坛”，以及南京图书馆的“南图讲座”，佛山市图书馆的“南风讲坛”，大连图书馆的“白云书院”等均成为当地乃至全国的知名文化品牌。公共图书馆讲座在内容上侧重普及性、大众化和生活化，使普通大众在专家通俗易懂的讲述中，获得文化素养、知识技能的提升。

（二）高校图书馆讲座含义

《普通高等学校图书馆规程》（教高〔2015〕14 号）指出“图书馆的主要职能是教育职能和信息服务职能。图书馆应充分发挥在学校人才培养、科学研究、社会服务和文化传承创新中的作用”。其主要任务之一是“不断拓展和深化服务，积极参与学校人才培养、信息化建设和校园文化建设”。图书馆讲座服务无疑是体现图书馆价值和功能的重要载体之一。高校图书馆讲座是指高校图书馆组织的，在高校校园内举办的，由主讲人和高校读者共同完成的学术交流和文化交流活动，具有公益性、公开性和学术性等性质。20 世纪 90 年代以来，高校图书馆陆续开展了新时期的学术文化讲座服务，比如北京大学图书馆、北京师范大学图书馆、同济大学图书馆、南京师范大学图书馆、浙江大学图书馆、武汉大学图书馆和上海交通大学图书馆等。根据不完全统计，截至2019年3月，高校图书馆讲座工作也形成了一些知名品牌，如表1-1所示。

表1-1 高校图书馆讲座概况

图书馆	讲座名称	起止时间，频次/或总期
北京大学图书馆	北大读书系列	2012-，3~5/每学期
	大雅讲堂系列	2014-，2/每学期
	“新青年·享阅读”读书沙龙	2015. 6
	南配殿音乐欣赏讲座	2012-
北京师范大学图书馆	专家讲座	1990-，6~8/每学期
同济大学图书馆	闻学讲堂系列讲座	2013-
南京师范大学图书馆	敬文讲坛	2006-
浙江大学图书馆	寻找失落的文明系列讲座	2013-
	艺术史系列讲座	2013-，2~3/每学期
	人文系列学术讲座	2012-
	丝竹梵韵	2015-
清华大学图书馆	真人图书馆	2013-，1~2/每学期
	清华人文系列讲座	2005-2007，6~8/每学期
	清华读书讲座	2015. 10
上海交通大学图书馆	鲜悦	2009-
	叔同讲坛	2010. 1，共10期
	思源讲坛	2009-
华东师范大学图书馆	书香年华讲座	2014-，1~3/每学期
	真人图书馆	2014-
武汉大学图书馆	真人图书馆	2013-，1~2/每学期
	文华讲坛	2014-，1~2/每学期
重庆大学图书馆	逸夫楼人文讲座	1998-，3~4/每学期
	真人图书馆	2013-
重庆师范大学图书馆	三春湖讲坛	2005-，390场
南京大学图书馆	名人讲座	2006-2019，1期/每学年

高校图书馆的学术文化讲座，在内容上注重人文素养与科技素养的交叉与融合，融传统文化与国际视野于一体，融知识技能传授、审美情趣的提升以及道德和价值观的塑造与完善于一体，在大学生全面发展，建设校园文化，传播先进思想等方面具有重要作用，充分体现着高等教育中通识教育的思想，体现着图书馆在大学的价值所在。

可见，不论是公共图书馆还是高校图书馆，都将图书馆讲座作为服务的重要内容。

二、图书馆讲座是否进入核心业务圈

图书馆讲座的历史是伴随着图书馆的产生而逐渐发展起来的。19世纪末，现代图书馆的建立和发展促进了图书馆讲座业务的出现和不断发展。改革开放以来，特别是20世纪末，讲座服务在公共图书馆和高校图书馆都得到了长足的发展。进入21世纪之后，图书馆讲座进入迅速发展时期，几乎所有省级公共图书馆和重点高校图书馆都开展了讲座业务，形成了独具特色的讲座品牌。图书馆界越来越多的专业人士认为讲座“非主流”业务的状况已经改变，图书馆讲座成为各级各类图书馆服务的生长点，成为图书馆的一项核心业务，主要体现在以下两点。

（一）图书馆讲座业务跨越式发展

2005年4月，全国图书馆讲座工作研讨会的召开，极大地推动了公共图书馆讲座的繁荣和发展。据统计2012—2015年间，全国3000余所公共图书馆每年开展2万余场次的讲座，并且在稳步增长。同样，高校图书馆的讲座业务自20世纪末逐步发展，也已经成为重点高校图书馆信息服务的主要内容。据不完全统计，在2015—2016年间，39所“985工程”的高校图书馆有11所高校图书馆持续性开展学术讲座。其中最早开展的是北京师范大学图书馆的“专家讲座”，自 1990 年至今持续开展，总计 380 余期。

2017 年《全民阅读“十三五”时期发展规划》和《全民阅读促进条例（草案）》的颁布，更加有力地推动了图书馆阅读辅导等各项工作的发展，包括讲坛讲座服务的快速发展。不论是公共图书馆还是高校图书馆，讲座服务的开展和深化不仅适应了我国经济发展及读者群体日益增长的多元文化需求，更重要的是反映了新环境下图书馆服务职能的创新和与时俱进的办馆理念。讲座的公益性等特性决定了讲座服务的开展在彰显图书馆教育职能和信息服务职能的同时，还树立了图书馆作为公益性服务机构和信息服务中心的良好形象，体现了图书馆的核心价值。

（二）政策与数据对图书馆讲座的支撑

随着图书馆相关政策和法律法规的颁布与实施，图书馆讲座的必要性和重要性也得到了体现。《公共图书馆法》在公共图书馆的服务部分将“公益性讲座、阅读推广、培训、展览”作为具体条款加以明确。《普通高等学校图书馆规程》规定“图书馆应全面参与学校人才培养工作，充分发挥第二课堂的作用，采取多种形式提高学生综合素质”。“图书馆应重视开展信息素质教育，采用现代教育技术，加强信息素质课程体系建设，完善和创新新生培训、专题讲座的形式和内容”。不仅如此，在公共图书馆和高校图书馆的评估指标体系中，讲座、培训被明确列为评估指标之一。在近几年各个高校图书馆发布的“图书馆大数据”年报中，讲座统计数据，包括频次、主题和听众等数据也成为必不可少的亮点。无怪乎一些图书馆学家认为讲座服务从曾经的“非主流”业务，现在变成了起主导作用的核心业务。由此可见，图书馆讲座服务日渐重要，讲座是图书馆服务功能的拓展和深化，是图书馆的职责、业务和服务体系的重要组成部分，而且在图书馆阅读推广工作中占有重要的位置。

第二节 图书馆讲座是阅读推广的重要阵地

一、怎样看图书馆是阅读推广的主体

图书馆承担着传承社会文明、传播知识信息的重要职责。推广阅读是图书馆的天然职责，各级各类图书馆都是阅读推广活动的主力。联合国教科文组织 1995 年正式确定每年 4 月 23 日为“世界图书与版权日”（World Book and Copyright Day），旨在推动全球更多的人去阅读和写作，享受阅读带来的乐趣，尊重和感谢为人类文明做出巨大贡献的文学、文化、科学思想大师们，保护知识产权。国际图联（IFLA）等国际组织的相关宣言、文件，都把公民阅读放在重要和突出的位置。在我国，全民阅读和阅读推广，近年来受到政府与社会的广泛关注。2006 年，中国图书馆学会成立了科普与阅读指导委员会。2008 年将“努力促进全民阅读”写入《中国图书馆服务宣言》，2009 年该委员会更名为“阅读推广委员会”。这一系列举措足见阅读推广、尤其是图书馆阅读推广的重要。

对于“阅读推广”（Reading Promotion）的含义可以有不同角度的诠释。国内图书馆理论界、实践界的学者也提出了不同的见解。一种意见认为“阅读推广，就是为了推动人人阅读，以提高人类文化素质、提升民族软实力、加快各国富强和民族振兴的进程为战略目标，而由各国的机构和个人开展的旨在培养民众的阅读兴趣、阅读习惯，提高民众

的阅读质量、阅读能力、阅读效果的活动”。这个定义具有国际化视野，也比较全面。作为一个图书馆学名词术语，阅读推广的规范定义为“图书馆或其他文化部门开展的以培养公众阅读意愿或阅读能力，促进公众阅读行为的服务”（全国科学技术名词审定委员会“术语在线”）。我们认为阅读推广是图书馆及社会有关方面为培养大众阅读习惯、激发大众阅读兴趣、提升大众阅读水平进而促进全民阅读所从事的一切工作的总称。由此可以将广义的“图书馆阅读推广”表述为：图书馆开展的以培养读者阅读意愿或阅读能力，激发读者阅读兴趣，促进读者阅读行为的服务。这一定义也充分表明图书馆是阅读推广的主力军和核心机构。

在我国图书馆相关法律法规中，对图书馆在全民阅读和阅读推广中的作用也做出了明确的要求。《公共图书馆法》第三条、第三十三条和第三十六条指出：公共图书馆是社会主义公共文化服务体系的重要组成部分，应当将推动、引导、服务全民阅读作为重要任务。公共图书馆应当按照平等、开放、共享的要求向社会公众提供服务。公共图书馆应当通过开展阅读指导、读书交流、讲座诵读、图书互换共享等活动，推广全民阅读。《普通高等学校图书馆规程》对高校图书馆服务也有具体的要求：“图书馆应积极参与校园文化建设，积极采用新媒体，开展阅读推广等文化活动。”也都明确了图书馆是全民阅读和阅读推广的主体。

二、为什么讲座是图书馆阅读推广的核心内容

图书馆是全民阅读和阅读推广的重要主体。而在形式多样、内容丰富的阅读推广活动中，讲坛、讲座是阅读推广最为常见的活动形式，讲座活动也最能体现阅读推广活动“精心创意、策划”的特征。在中国图书馆学会阅读推广委员会下属的21个专委会中，专门设有“图书馆

讲坛与培训专业委员会”。该委员会的设立旨在利用图书馆讲座联盟开展公共图书馆公益讲座资源共建共享；建立全国公共图书馆专家数据库，并编辑公益讲座名录和年度报告，促进公益讲座品牌化进程，打造有行业代表性的文化品牌；搭建全国公共图书馆网上公益讲座平台，组织优秀讲座在国家图书馆在线视频直播，同时，建立公益讲座优秀视频资源库，利用新媒体技术进一步丰富讲座形式，实现讲座更有效传播；加快讲座资源的二次开发，推出系列公益文化产品；评选年度十大公共图书馆公益讲座品牌。讲坛专委会的设立从学术机构的角度证明了图书馆讲座在阅读推广中占有重要的位置。

总结和回顾我国十余年的阅读推广实践和研究，可从另一个角度说明图书馆讲座在阅读推广工作中的重要性。有学者在论及我国的阅读推广活动及图书馆的作用时，列举了各种形式的阅读推广活动，其中一类为讲坛型阅读推广活动。讲坛型阅读推广活动主要包括各种学者讲坛、讲座、报告等。影响最大的读书讲坛当数中央电视台举办的“百家讲坛”和凤凰卫视举办的“世纪大讲堂”，但这些属于“其他文化机构”举办的讲坛，而且是电视栏目。图书馆举办的读书讲坛对大众读者的阅读推广起到了更大的作用。公共图书馆如国家图书馆的“文津讲坛”、上海图书馆的“上图讲座”、首都图书馆的“北京历史文化讲座”、陕西省图书馆举办的“星期日讲座”以及深圳市南山区图书馆的“博士论坛讲座”等，都会使读者直接从专家学者的研究中受益。从一项对公共图书馆的调查结果可见，读者对图书馆开展阅读推广的多种形式中，公共图书馆读者首选参加的活动为推荐书目、专家讲座，推荐书目和讲座受读者选择比例较高，它们是图书馆阅读推广活动的主要决定因素，也是阅读推广活动的具体内容。在讲座活动中，作家和知名学者最受公共图书馆读者欢迎。

讲座、报告也是高校图书馆读者喜爱的活动。有研究表明，在17种高校阅读推广活动的形式中，在“增加了新的知识的活动排序”中，“名家讲座”位居第一，其次为经典视频展播或名著影视欣赏、读书有奖知识竞赛。而“读书兴趣增加的活动排序”为：经典视频展播或名著影视欣赏、精品图书展览、名家讲座。在读者参加活动的广度、深度和满意度综合评价中，名家讲座分列第三、第四和第五位，而且是位于最省力活动的第四位。纵观北京师范大学图书馆自2007年以来的阅读服务，在12种常见的活动形式中，“专家讲座”一直作为世界图书与版权日系列活动之一，持续至今并逐渐形成了“专家讲座”的世界读书日系列，成为有影响力的子品牌。多年来，专家讲座陆续邀请了不同学科的知名学者专家在世界图书与版权日活动期间举办学术讲座。如王宁教授的“谈谈现代人的经典阅读”、瞿林东教授的“好好读书，读好书”、刘家和教授的“古代典籍阅读”、陈洪教授的“我读金庸”、钱婉约教授的“也谈‘孔颜乐处’”、于殿利教授“读书的法与得法”、李山教授的“《诗经》的经典内涵”、王余光教授的“通识教育和经典阅读”、作家刘庆邦的“读书与审美趣味的提高”以及叶舒宪教授的“荷马史诗的文化记忆”等。阅读类专家讲座成为北师大世界图书与版权日活动的常规内容。国家图书馆的世界图书与版权日系列活动也常常以“名家讲座”为重头戏。比如2019年国家图书馆世界图书与版权日系列活动的主会场，邀请了清华大学思想文化研究所原所长钱逊和军事医学科学院原院长秦伯益两位泰斗级学者，以“先生的书房”形式推出社科类、科普类两场主题讲座，为世界图书与版权日活动盛典写下了隆重的一笔。世界图书与版权日期间的讲座更能突出激发大众阅读的兴趣，体现全民阅读的重要性和意义。

近年来，在中国图书馆学会关于开展全民阅读工作的通知和工作单中，名家讲座、经典阅读讲座必然是重要内容。2019 年中国图书馆学会阅读推广委员会的“让经典走向大众——《中华传统文化百部经典》推介全国行”活动，特别策划了“公益讲座巡讲”内容，围绕《中华传统文化百部经典》典籍相关主题内容，由阅读推广委员会提供专家资源，并协调组织相关专家到各地开展巡回讲座。北京市历届书香中国·北京阅读季形式多样的阅读推广活动，包括有精心策划的“名家进校园”系列，活动专家团涵盖国学、科研、成长教育等各领域。这些都充分证明了图书馆讲座是传递阅读理念，促进全民阅读活动，惠及大众的最好的阅读推广形式之一。

第三节　图书馆讲座的类型

各级各类图书馆的公益讲座不仅数量多，而且内容丰富多彩。图书馆讲座的类型可以从不同角度进行划分，常见的分类方法有讲座内容、形式、组织者和图书馆类型等。

一、从内容上划分讲座类型

即根据讲座内容的“学科属性”或者“主题类型”来划分。在开展讲座较好的公共图书馆和高校图书馆，基本都对讲座进行了分类管理和服务，多数图书馆是按照大致的主题归类，也有图书馆是按照相对规范的学科划分。

（一）主题分类

即按照讲座的主题内容对讲座做一归类，并冠以大众比较容易理解的名称。比如首都图书馆的讲坛按照“主题”划分为乡土课堂、尚读沙龙、特别策划、健康课堂、上品课堂、科学讲堂、社科讲堂、生活课堂等类别。一般认为图书馆讲座可分为七大主题类型。一是文学艺术类型，如名家解读名著、音乐欣赏、美术作品欣赏、文物欣赏等。二是科学普及类型，如健康知识、世界地理、天文知识等。三是政治历史类型，如部级领导干部历史讲座、文津讲坛等。四是经济法律类型，如经济学家论坛、市民与法等。五是国际关系类型，如中美关系、中日关系、中俄关系、中法关系、中英关系等。六是时尚话题类型，如公关礼仪、职场指导等。七是地方文化类型，如乡土课堂、都市文化、文澜讲坛等。具体如上海图书馆的讲座形成了时政热点、经济金融、文学艺术、科技教育、生活健康和社会法律六大模块。再如陕西省图书馆的陕图讲坛，内容包括阅读求知、人文历史知识、心理健康教育和法律知识等方面。不同图书馆举办讲座的内容都各具特色，从不同领域满足普通大众对各类文化的基本需求。这种“模块化”划分相对简单易懂，适合普通读者选择和理解，不足之处是划分的依据不够严谨，学术角度、非学术角度交叉重叠或出现难以归属的情形，不便于整理保存和查询等后续工作。况且有些类别名称不容易辨识，例如“上品讲坛”和“尚读讲坛”，不熟悉的听众往往不得要领。需要从较为规范、科学的角度进行讲座类型的划分。

（二）学科分类

按照学科分类给讲座分类，即参照《普通高等学校本科专业目录》来对讲座进行分类，这种分类方法比较适合高校图书馆。比如北师大图书馆的专家讲座就采用了这种学科分类方法，将380余期讲座按照上述专业目录的一级学科进行分类，并根据本校学科情况、图书馆讲座的情况灵活调整，共分为数学、物理学、天文学、化学、材料科学、地球科学、生物学、医学、环境科学、计算机和信息科学、农学、航空航天、地理学、交通运输、工程技术、历史学、能源、文学、哲学、经济学、法学、艺术学、语言学、教育学、心理学、政治学、社会学、人文科学、管理学/系统科学、图书馆学/情报学、军事学、体育和其他32个类型。这种讲座分类方法有利于读者从学科角度进行浏览和查询，也便于图书馆统计分析和开发利用。不足之处是交叉学科、跨学科讲座日渐增多，有些讲座不容易归类，需要完善分类方法或者增加辅助分类方法，更利于听众了解本馆讲座的概况。

二、从形式上划分讲座类型

进入21世纪以来，各级各类图书馆都在不断提升讲座水平，深化讲座服务工作。从重视内容策划，契合听众需求到丰富讲座形式和拓展宣传渠道等方面，不断优化图书馆讲座服务。图书馆讲座形式的划分也有不同的角度，比如有人按照表现形式将图书馆讲座分为馆内讲座、流动讲座、巡回演讲和网络视频讲座等。除了传统的听讲模式，为了提升讲座趣味和氛围，激发听众的参与热情，图书馆还不断丰富讲座形式，如开展了赏析式对话、访谈与讨论式讲座，同时还配合以多种展览的形式。结合主讲人和讲座的呈现方式，图书馆讲座大致可以分为四种类型。

（一）讲授式

又称讲坛式，即一个主讲人的单人讲座。主讲一人讲，听众“座”上听，是主角型的。这是最为常见的讲座方式。其优点是主讲能够在短短两小时内完整、系统地将自己对某一主题的观点进行阐述，使得听众获得对某一主题一个清晰的认识。

（二）对谈式

又称“论坛式”，即两个主讲人双人对话或者多个主讲人多人对话。多人围绕共同主题研讨，主题型讲座比较适用。其优点是听众能够获取对同一问题不同角度或者互相比较的观点。比如北师大图书馆的“1616 回望莎士比亚与汤显祖”讲座就采用对谈方式，邀请伦敦大学陈天沅教授和北师大郭英德教授进行对谈，从不同角度阐述莎士比亚与汤显祖两位戏剧大师在东西方的影响。两位教授渊博的学识、批判性的思维，为听众带来了一场思想的盛宴。

（三）赏析式

赏析式讲座比较宽泛，包括讲演结合、讲展结合、作品赏读等形式。即讲座中辅之以艺术表演，如讲座与朗诵、讲座与诗词吟唱或者书法演示等。或者讲座与专题书展、图片展、专题影片展等相结合。这种方式能够增强听众的体验感，比较适合同一主题的系列活动，也常被图书馆采用。比如北师大图书馆的“出走即回归，死亡即永生——列夫·托尔斯泰的生命启示”专题讲座就结合了“托尔斯泰生命的最后十九个瞬间”专题图片展、馆藏托尔斯泰专题书展等，深化了讲座的服务效果。

（四）沙龙式

沙龙式可以说是多人对谈式的延伸，沙龙式讲座通常也称为读者交流会、书友会、读书分享会等。这种类型既不是主角型的，也不是主题型的，而是多人交流式、自由交流式。图书馆有场地、有学者、有阅读指导专家、有馆员，是天然的阅读交流中心，也是最适宜举办读书沙龙的场所。很多图书馆经常举办沙龙式的讲座活动，比如南京理工大学图书馆的“星期天青年空间读书会”、陕西科技大学图书馆的“同读一本书”分享交流会、郑州大学图书馆的“青椒书话”以及北师大图书馆的“作者书语”即可划归此种形式。在实际工作中，图书馆讲座的形式是灵活多样的，尤其是互联网时代，更注重听众的参与感和体验感。有关内容可参见第二章图书馆讲座策划。

三、从图书馆类型上划分讲座类型

即从举办讲座的图书馆类型划分，这种划分方法比较简单，基本与我国图书馆的类型划分相一致。本节简要讲述公共图书馆、高校图书馆和专业图书馆讲座三种类型及其特点。

（一）公共图书馆讲座

即各级各类公共图书馆开展的讲座。其讲座主要以普及性和大众化为其特点，或者以深入浅出的形式表现深邃和丰厚的内容，或者选择与大众生活密切相关的轻松时尚主题。比如首都图书馆讲坛的健康课堂和生活课堂。

（二）高校图书馆讲座

高校图书馆讲座主要突出学术性和专业化的特点，对于热点和前沿问题，其学术观点的表述较之公共图书馆也更为自由和深刻。另外与大学生有关的心理健康、就业择业等也是高校图书馆讲座的内容，这与公共图书馆有较大区别。高校图书馆的这类讲座，不仅使学生学到课本以外的知识，也增强了学生对图书馆的黏合度，同时也真正说明图书馆是终身教育的课堂。

（三）专业图书馆讲座

与高校图书馆讲座相比，专业图书馆的选题和主讲人的专业性更为突出，比如中国科学院文献情报中心的各类高端科学大讲坛等。

除了这三大类图书馆的讲座，儿童图书馆讲座、少数民族图书馆讲座都有各自鲜明的特点，在此不做赘述。

四、从讲座主体上划分讲座类型

即从举办讲座的图书馆及参与合办的机构来划分，主要分为独立举办和合作举办两大类。独立举办即由图书馆单独举办的讲座。合办则是由图书馆与其他机构共同举办的讲座。随着讲座服务的普及和深入，合作举办的讲座这种形式占比越来越大。

（一）独办型讲座

独办型讲座即图书馆利用本馆的资源，包括人力、物力和财力，面向听众开办的公益性讲座。在高校图书馆和公共图书馆的实践中，独办型的讲座情况不一，完全独办型的讲座占比相对不高。高校图书馆虽然在专家资源方面占优势，自有师资力量可以承担大量讲座，场地也基本能满足讲座需求，但是人员和团队比较短缺，经费也是影响讲座的重要因素。公共图书馆也存在经费问题，师资资源有限更是突出问题，即便筹集到足够的讲座经费，自有师资也难以满足社会公众对讲座选题的多样化需求。北师大图书馆的专家讲座、国家图书馆的文津讲坛可以说是独办型讲座的代表。北师大图书馆专家讲座自 1990 年创办以来，主要由图书馆独立承办。从策划到实施，全部由馆员负责，所有的设备和经费保障也是由图书馆负责，在 380 多期的讲座中，独办型讲座占 2/3。

再如国家图书馆的文津讲坛，自 2001 年创办以来，一直由国家图书馆承担讲座人财物的保障，从选题策划到组织实施，也一直是图书馆工作人员负责和承担，是独办型讲座的典型。

（二）合办型讲座

拥有稳定而丰富的读者资源是图书馆开展讲座的优势，但是不论是公共图书馆还是高校图书馆，不同程度存在着经费紧缺、师资力量有限、宣传渠道不足等多种不利因素。因此，从长远发展的眼光来看，图书馆必须通过各种形式的合作来拓展资源。高校图书馆、公共图书馆合作举办讲座的方式各有不同。

（三）公共图书馆合办讲座的形式

公共图书馆合办讲座主要包括与政府部门合作、与高等院校和科研院所、与企事业单位和社会团体合作、与图书出版经营单位合作以及与媒体合作等。

（1）公共图书馆与政府部门、企事业以及图书出版界的合作相对较多。公共图书馆可积极响应各地政府重视文化保护、打造文化名牌的举措，主动与政府部门联合举办公益性讲座，获得充裕的保障和支持，打造精品讲座。同时还可以利用政府部门的影响力和组织能力，扩大讲座辐射面，向社会提供更加多元化的讲座服务。例如山西省图书馆文源讲坛通过与山西省党政机关合作举办专题讲座，不仅成为山西省公共文化服务的重要窗口和平台，也在业内树立了良好的品牌形象和口碑。再如首都图书馆举办的“乡土课堂”等系列讲座也与北京市政府部门进行多方面合作，取得了良好效益。

（2）公共图书馆与高等院校和科研院所合作。显而易见，高等院校和科研院所拥有丰富的师资和选题资源，恰好可弥补公共图书馆在这方面的不足。例如佛山市图书馆就曾与北京大学、南开大学、武汉大学、中山大学等知名高校合作，开展高校名师系列讲座，让听众有机会分享高校名师的研究成果和思想，深受市民欢迎。

（3）与企事业单位和社会团体合作。公共图书馆的特性，便于和企事业单位及社会团体等机构合作举办讲座，以获得经费和其他支持。如作为北京市属的大型公共图书馆的首都图书馆，就曾联合故宫博物院，推出了走进故宫大型系列讲座，引领广大故宫迷和传统文化爱好者从一个系统、专业、立体的视角，一起领略这座中国古代艺术宫殿的恒久魅力。

（4）公共图书馆还可以与图书出版经营单位合作。读者与书，使得出版单位和图书馆有着天然的联系与合作机会。图书馆可以和书店、出版社合作，利用书店空间或者新书推介等时机共同举办专题讲座，读者既能听到专家学者的真知灼见、获得与作者面对面交流的机会，出版经营单位也可以在相应的签名售书活动中获得效益，实现合作双赢。

（5）与媒体合作。新闻媒体和公共图书馆都肩负着传播先进文化的重要使命，图书馆讲座的可持续发展离不开媒体的宣传和支持。加强与广播、电视、报纸等传统媒体以及网络、手机、数字电视等新媒体的合作，不仅可以加大讲座宣传的力度，还可以扩大公共图书馆的社会影响力。

（四）高校图书馆合办讲座的形式

公共图书馆合办讲座的形式侧重于对外合作，相比之下，高校图书馆合办讲座的形式兼具校内、校外合作方式。校内合作主要包括与院系所、学校机关和管理部门、学生社团和群团组织的合作等。校外包括与中国图书馆学会等专业组织和团体、书香城市等本市阅读机构合作，此外也有与图书出版经营单位、媒体和企事业单位的合作。

（1）与院系所合作举办讲座，这是高校图书馆讲座合作的主要方式。高校图书馆被誉为学生的“第二课堂”，所以讲座选题往往学术性较强，专业院系所的师生则是主要听众群，再者院系自行组织学术讲座，往往受到场地、宣传途径、听众等因素限制，所以更有兴趣与图书馆合作。比如北师大图书馆曾与教育学部、文学院、法学院、历史学院、环境学院、数学学院等学院合作举办学术讲座，由于主讲人多为校外专家，本校师生有幸在“专家讲座”聆听业界知名学者的学术观点和研究心得，常常有意外的收获，同时促进了本校院系与专家的深入交流。

（2）与机关管理部门合作举办讲座，也是高校图书馆校内合办的方式。高校图书馆既要为教学科研服务，也要为管理服务。比如北师大在举办有关网络安全、形势政策、中外关系、经典阅读等类讲座时，就曾和宣传部、信息网络中心、教师培训基地等机构合作，积极主动扩大讲座的受益面。有些高校图书馆还将讲座与学分相结合，以保证讲座的稳定发展，比如清华大学的“学在清华”真人图书馆系列讲座就是由校研究生会、人文社科图书馆和人文素质教育基地合办，并纳入学分体系。

（3）与群团组织合作。比如北师大图书馆就曾与校团委、校友会和校工会等群团组织以及南山诗社等学生社团合作，举办诗词吟唱、非遗进校园等传承优秀文化类讲座和校友讲座。

（4）与中国图书馆学会等行业机构合作。作为全国图书馆工作者的全国性、学术性群众团体，中国图书馆学会指导、支持和鼓励各级各类图书馆开展丰富多样的信息服务，包括展览讲座、经典导读等。高校图书馆应该积极参与其中，利用该学会提供的资源，服务于本校师生，能取得事半功倍的成效。比如北师大图书馆就曾在中国图书馆学会、国家图书馆的支持下，举办了“文津沙龙”“走进《四库全书》”和“让经典走向大众”专题讲座等。也曾在北京大学生阅读联盟的支持下，开展了“走近季羡林”专题讲座。专业机构的引导和支持丰富了本馆的讲座资源，促进高校图书馆讲座不断拓展创新。

第二章
图书馆讲座策划

第一节 讲座品牌的策划

策划（又作“策画”）指设计，即工作计划、策划、谋划。“策画”一词在中国古代已出现，而策划思想的出现就更早了，古代的人们已经非常注重策划了，早期策划的主要用途在于军事战争。在西方，策划源于“Strategy”一词，意思是“策略，战略；战略学”，早期也是用于军事方面，后来演变为“Strategy”和“Plan”的组合，常被翻译为“企划”，或者“战略规划”。随着策划的应用领域向经济领域延伸，策划作为明确的概念被提出来，并应用于公关领域，随后出现了公关策划、影响策划、企业管理策划、广告策划等说法。20世纪末，随着社会和经济的发展，策划的种类呈多样化之势，如品牌策划、旅游策划、活动策划、营销策划、网站策划、项目策划等，并出现了一个新的职业类别——策划师。

策划有两大功能：第一是对即将启动的行为进行可行性论证，其二是对决定启动的行为进行宏观调控。图书馆讲座策划的基本任务就是完成图书馆讲座的宏观定位，并给具体讲座的实施提供可遵循的依据。事实表明，有明确目标的时候，人行动的动机就会加强和维持，更容易克服困难，达成目标。策划的作用可见一斑。

正因为策划的重要性，图书馆讲座策划自然就是完成讲座的关键因素。作为策划的一类，图书馆讲座策划主要指经过细致周密的行业调查与系统分析，在充分调查研究的基础上，对未来一定时期的讲座工作进行前瞻性的设计和谋划，是对讲座运作的全过程做预先的考虑与设想，以期达到既定目标的创造性活动。讲座策划是讲座活动的起始环节，它将直接影响讲座的实施与效果，是保证讲座质量、提升讲座水平、打造讲座品牌的重要因素。

图书馆讲座策划具有一般策划的共性，也有自己的特性：

（一）目的性

讲座策划要围绕着一定的目的，是为要给听众带来什么样的公众宣讲而服务的。常见的讲座策划是围绕听众的知识推广而进行的，需要保持中立性。

（二）前瞻性

策划是超前的谋划，是谋定而后动，是面向未来的。媒体环境及听众是持续变化的，讲座策划需要预测到未来一段时间（至少是讲座策划周期内）的走势与趋势。

（三）创新性

策划的核心是创意，创新是策划的灵魂，创新并不一定是剑走偏锋，有时候也很可能来自于对常识的发现和利用。图书馆讲座策划是一种创造型的思维活动，需要避免一些窠臼或者浮于表面的逢迎，要具备本馆讲座的独特性。

（四）独立性

讲座作为一种文化活动，要具备自己的独立性，一方面是经济上的相对独立；另一方面是思想上的相对独立。

（五）可行性

策划是面对问题的思考，策划提出的办法、思路，最终要付诸实施，指导实践，为实践服务，策划的每一环节必须可行。因此图书馆讲座的策划在符合社会媒介环境秩序的基础上，还要考虑图书馆所在机构（例如大学）的个性，更应立足本馆的实际情况。

（六）经济性和社会效益

策划也要考虑实现的投入产出比，图书馆讲座更主要是要考虑信息服务效益。

（七）灵活性

图书馆讲座工作涉及的服务对象众多，环节繁杂，不确定因素相对较多，且公共图书馆和高校图书馆的服务对象有区别。因此，策划在保持相对稳定的同时也要具备相应预案和灵活性，以保证策划可以根据具体情况及时调整。

讲座策划的本质是帮助图书馆讲座更好地运作，使图书馆讲座的整体性更好地传达到师生那里。而图书馆讲座的定位是策划的根本依据。讲座策划的范围很广，几乎涉及举办讲座的各个方面，贯穿于讲座全流程，包括品牌策划、主题策划、形式策划以及经费预算策划等。而品牌的策划在整体策划中占据举足轻重的地位。

品牌是用以识别某个产品或者服务，与其他同类内容区分开来的名称及其标志，通常由文字、标记、符号、图案和颜色等要素或这些要素的组合构成。品牌理论最早出现在广告理论上，在产品同质化时代到来以后，寻找产品的差异来进行宣传变得越来越困难，因此产生了品牌的观念。品牌形象理论是20世纪60年代大卫·奥格威提出的品牌观念。品牌形象是追求长期效益的重点，在网络时代，讲座的同质化倾向日渐突出，大部分图书馆讲座的差异主要因地域及所在单位的特色而决定。不过在此基础上，塑造好的品牌形象，依然是很重要的工作。讲座的品牌中包含了相关服务的一贯性承诺，蕴含着属性、利益、价值、文化、个性、用户等方面的深刻含义。讲座品牌一定程度上代表着图书馆或者大学的个性、形象等，因此，讲座品牌的策划对于讲座的持续发展影响较大。

一、讲座品牌策划有什么必要

确立图书馆讲座品牌是为了在听众心中占有一席之地，一个认定的区域位置，只要一提起某类讲座，就立即想到图书馆的相关讲座。1956年，美国心理学家、认知心理学先驱乔治·米勒（George Miller）发表了研究报告《神奇的数字7±2：我们信息加工能力的局限》（The Magical Number Seven, Plus or Minus Two: Some Limits on Our Capacity for Processing Information）。“7法则”表明：人的心智极其有限，只能记忆有限的信息，人们通常把信息进行分类存储，每个类别通常不能记忆7个以上的信息。由此可见，树立品牌的任务就是在听众心智中创造一个心理位置，而且最好是第一位置。第一的位置可以在听众心中形成难以忘怀、不容混淆的优势效果。成功的品牌往往代表着特定的类别。品牌定位一旦确立，无论何时何地，只要广大师生有听讲座的需求，首先就会想到图书馆讲座的相关品牌。

品牌不仅在说内容，说质量，说形象，更要有个性。主要是品牌的设计要给人留下特殊的印象，可以寻找代表图书馆讲座品牌的象征物，使用核心图案和特殊文字造型表现品牌的特殊的个性。例如北京师范大学有“木铎讲坛”“京师讲坛”等文化和学术讲座品牌，其中“木铎”“京师”均蕴含北京师范大学校徽、校名的意义，而图书馆讲座则一直延续“专家讲座”这一品牌，几经尝试更改均未实现，归根结底是因为30年来“专家讲座”的内容和质量及个性已经深入人心。

从“市场”角度定义品牌，则是关于讲座内容、讲座质量、讲座精神、宣传渠道、上座保证的联想和行为等的考虑。并可由此总结出讲座品牌的三个特点：第一，品牌是无形的；第二，讲座品牌最终会成为图书馆的一个重要资产；第三，图书馆讲座的品牌最终要对师生听众产生更深远的影响。

图书馆讲座作为一种文化产品，同样需要优良的品质取得听众的认知和认可。近年来，随着图书馆讲座事业的蓬勃发展，图书馆讲座品牌策划越来越受到业界人士的重视，也涌现出了如前所述的众多知名的图书馆讲座品牌。图书馆讲座品牌，是讲座工作在长期的发展过程中所形成的知名度和认可度。一个品牌的形成是一个系统工程，包括讲座的名称、特点（讲座的内容和文化内涵）、相关的标志、讲座专家的风采和个人魅力、服务质量、管理水平、衍生品的知名度等诸多方面。图书馆讲座品牌既有名称、标识、定位、价值等，也有鲜明的文化传统和文化特性等。这些要素都离不开成功的策划。所以，品牌策划和打造是图书馆讲座能够持续发展的内在动力。

二、如何策划讲座品牌

每个品牌都会经历初创期、成长期和成熟期。讲座品牌的建立过程也包括初创、推广和维护三个阶段。三个阶段都需要不断地创新、延续以保持讲座的良性发展，维护品牌的长久影响。

（一）第一阶段：讲座品牌的创建

品牌策划的初期，应该致力于讲座本身质量的稳定性和连续性，当业务初步形成一定规模且讲座产品本身已经具备一定市场竞争力之后，开始强调品牌的效应，开始建立品牌的视觉功能、直观感受并能够强烈吸引人的不同于其他品牌的独特个性。通过创意的策划，界定品牌的个性，即充分借用图书馆所在学校或城市的文化底蕴和特色，策划出具有特色的讲座品牌的文字、标记、符号、图案和颜色等品牌识别系统，建立品牌定位，确定品牌文化内涵。讲座品牌的创建主要包括品牌符号和品牌定位两个方面：

1. 策划讲座的品牌符号

品牌符号是区别产品的基本手段。包括品牌命名、品牌标志、品牌口号、品牌象征物、品牌色彩等要素。纵观各馆已形成知名品牌的讲座，无不在上述方面都有独特之处，具有区别于其他讲座工作的鲜明风格和特色。这里首推国家图书馆的“文津讲坛”，该名字是根据古代著名的藏书楼——文津阁命名，首先具备了深刻的文化内涵（见图 2-1）；“文津讲坛”四个字由已故著名学者任继愈先生亲题，给讲座品牌附加了文字上的文化及形体上的区分度，非常便于记忆和传播见图 2-2。

图 2-1　国家图书馆的“文津讲坛”（1）

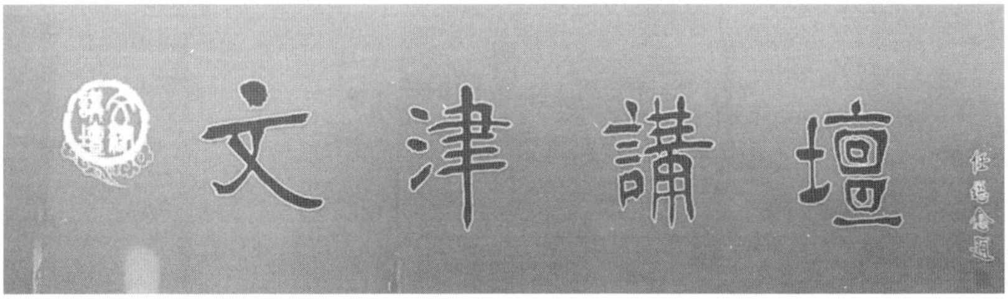

图 2-2　国家图书馆的“文津讲坛”（2）

再如于 2008 年由中国政法大学和腾讯联合出品的“燕山大讲堂”，就是在多年的辛勤培育下形成了的以大学为基础，依托腾讯巨大的宣传平台，同时引入公益基金，做成了相当规模的学术讲座品牌。燕山大讲堂之名，取材于北京地区历史上的名山，既朗朗上口，便于记忆，又蕴含有背山面海，走向世界之深意。燕山大讲堂的系列产品，包括讲座视频、结集成书的标识均为统一品牌符号。其标识如图 2-3 和图 2-4。

图 2-3 “燕山大讲堂”（1）

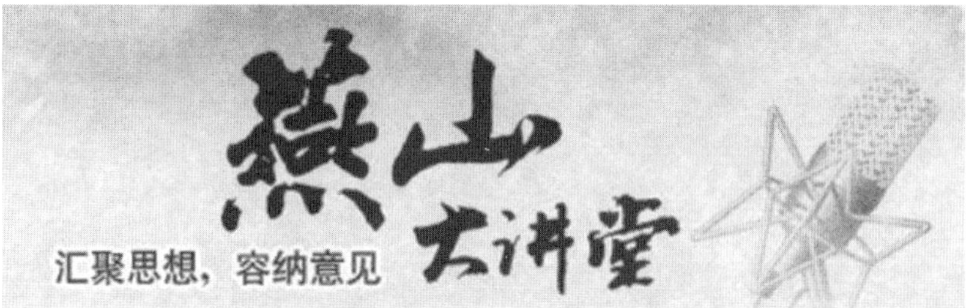

图 2-4 “燕山大讲堂”（2）

2. 建立品牌定位

品牌符号是区别产品的基本手段，那么品牌定位则是围绕潜在顾客的心智进行的。因此，图书馆讲座品牌的定位就是围绕着听众来进行的，即面向的对象决定了讲座的定位。这一点决定了讲座服务的发展方向及不同的特色，体现了不同讲座品牌的独特价值。确定品牌定位后，内容也会围绕这一轴心展开。这一点也是最能体现公共图书馆与高校图书馆、不同层次公共图书馆之间讲座的差异和特点。

比如，国家图书馆的“文津讲坛”，其定位于面向“大众双休日的历史文化讲座”。面向大众，面向大众文化，开展大众感兴趣的中华民族优秀文化讲座，同时传承文明和知识，服务社会和大众。因为面向大众，因此必须做到雅俗共赏，普及与精深兼顾。因此多年来深受广大听众喜爱。再如首都图书馆的“首图讲坛”，定位于面向普通市民讲述老北京的文化传承、风土人情和历史掌故，依托首都图书馆丰富的北京地方文献资源优势和首都地区学术人才优势，确立了以乡土教育和爱国主义教育为主旨的“乡土课堂”。其衍生的北京电视台节目《这里是北京》广受好评。

而前文提及的“燕山大讲堂”作为以大学为基础的强势品牌，面向高校师生，同时兼顾对时代精神有志趣的其他人群，品牌定位“培育理性精神，开启公民智慧”，后来自 2010 年前后改成“汇聚思想，容纳意见”。讲座依托于大学强大的学者群，是一个学术性非常强又兼顾大众的讲座品牌。该讲堂共举办了 5 年总共 216 期，于 2013 年后停办，影响力相当广泛。再如举办了三十年的北京师范大学图书馆“专家讲座”，其定位则是主要面向校内师生，同时惠及其他高校读者和社会读者，内容兼顾学科前沿及社会热点，多年来受到校内外广泛的关注，产生了良好的社会反响。

综上所述，因为听众和依托资源的不同，知名讲座品牌各具特色，针对不同的听众，为大家提供了可选择的、文化内涵及核心思想各不相同的文化大餐。1997 年，营销品牌专家戴维森（Davidson）提出了“品牌冰山理论”，他认为，品牌的标识、符号是品牌浮在水面的 15%冰山部分，而藏在水下的 85%冰山部分是品牌价值观、智慧和文化理念等。图书馆讲座作为一个文化品牌，它所蕴含的文化传统和价值取向直接决定着讲座的品格特性。

（二）第二阶段：讲座品牌推广

严格地说，讲座品牌的设计、推广和讲座品牌的建立是无法完全分开的，这里为了便于阐述，将品牌的推广作为品牌策划活动的第二阶段。品牌设计则在第四章详细介绍。

讲座品牌推广是为了塑造讲座品牌形象，使广大听众广泛认同，提升品牌知名度、美誉度和特色度，是为了最终更好地扩大每场讲座的听众范围。因此，这个过程同时渗透在每一次讲座的举办过程中，即每次讲座的宣传都是对品牌本身的宣传。在讲座品牌的符号、定位、内涵都确立了之后，在讲座的选题、内容策划、组织实施等一系列工作过程中，都可以与品牌定位要素结合起来进行推广。

和讲座本身的宣传一样，推广也要有计划有策略地进行。在讲座品牌推广的时候，也需结合具体的听众范围来决定策略。例如公共图书馆讲座的推广策略与大学图书馆讲座的推广策略会有所不同；另外在品牌推广的不同时期，也有不相同的策略；根据具体目标的不同也可以有不同的推广侧重。但是有一些共性的推广方法如下：其一，重视实体空间推广，即图书馆内推广。如讲座预告、讲座现场、背景板、讲座资料、宣传品等应体现讲座的符号、标识，以低成本完成品牌传播，不断加深听众对讲座的认知。例如北京师范大学图书馆的专家讲座会有相对固定的听众群，每次都会来听，属于品牌培养中需要重视的听众。其二，联合传统媒体和新媒体进行推广，强化品牌的形象及特色，形成立体的、系统的传播渠道，以此提高影响力。其三，注重讲座衍生品的宣传推广。讲座衍生品是讲座的二次宣传，同样是品牌推广的重要载体之一。

首先要注重衍生品的制作质量，使之具备现场讲座之外的魅力，同时具备知识性、学术性和可读性。衍生品同样要在显著位置显示讲座标识，强化听众的印象。其四，严格执行讲座定位，抓住听众心理，例如主打传统文化的国家图书馆讲座，在对品牌进行推广的时候可以强化让大众来文津讲坛与传统文化学者零距离接触的兴趣，北京师范大学图书馆的专家讲座，侧重让大学生了解国际形势、学术前沿和社会焦点，体悟中华文化经典、传承中华优秀传统文化，既开阔大学生的国际视野、增强青年责任与担当，又增强大学生的文化修养。本书第六章中专门介绍讲座的营销推广。

（三）第三阶段：讲座品牌的维护与管理

中国著名经济学家萧灼基提出，品牌建设从管理开始。美国著名品牌管理专家凯文·莱恩·凯勒（Kevin Lane Keller）教授认为，品牌成功的核心是优质的产品或服务，并辅之以创造性的设计和实践营销。讲座品牌管理是讲座品牌塑造的核心内容，即通过一定方法和手段，针对外部环境变化，为维护讲座品牌形象、保持品牌地位而开展的各项活动。

在品牌生命周期中，一定会有衰退和老化的阶段，有些讲座停办或者衰微的现象就说明了这一点。当前，在全民阅读和创新服务的大环境下，图书馆讲座正处于蓬勃发展的时代，但是居安思危也是必要的。如何在变化的环境中强化自身讲座的特色，跟上时代的特征，也是公益讲座要考虑的问题。品牌维护就是使品牌持续地吸引听众的关注度，从而增强品牌生命力。让图书馆讲座一直持续地具备自身的特色和立场，可以从如下六个角度入手：第一，建立讲座品牌框架，制定讲座品牌维护策略和规划，并根据环境变化适时调整以确保有效。如根据社会变化和听众需求，调整讲座服务策略并加以实施，做到讲座品牌维护长效化。第二，计累讲座品牌资产。品牌资产是附加在产品和服务上的价值。需要不断积累和叠加，培养听众对讲座的忠诚度，不断增加听众满意度，形成良性循环，进一步提升讲座价值。第三，强化特色，保持差异。图书馆所在的不同地域、不同听众群、不同性质都可以转变为图书馆讲座的特色。第四，树立精品意识，严格控制讲座质量，绝不透支品牌资产。每场讲座的质量是讲座品牌的核心和生命，始终保持讲座各个要素各个环节的高质量，以达到最终符合预期的水平，才能使讲座品牌具备持久的生命力。第五，通过调整和变化来强化讲座品牌。不断通过讲座的内容创新、形式创新、服务创新，不断超越听众的预期与需要，使讲座常办常新，保持旺盛的生命力。第六，保持相对稳定的人员队伍和操作规范的延续性。一以贯之的服务是讲座品牌的保证，因此，人员队伍及操作的规范性是服务的基本保证。以北京师范大学图书馆专家讲座为例，严格而持续更新的操作流程，一直是专家讲座每一个优质服务细节的保证。

第二节　讲座主题的策划

讲座主题的策划可以说是讲座策划的核心。讲座，作为一种内容为主的知识传播方式，其本身的内容和方向都是非常重要的。主题策划是一种设计、创造和引导，它是讲座的策划者按照一定的方针和客观条件开发讲座资源、设计选题、落实选题和实施讲座方案的创造性活动。也可以说是讲座的策划者根据讲座目标定位和听众的需要，通过对相关信息的广泛关注、浏览、筛选、提炼、升华，最终设计出最佳工作方案的过程。优秀的选题策划对能否取得优质的效果和影响力有最直接的关系。能否把握时代的脉搏，甚至引导用户的需求，是讲座成功至关重要的因素。

讲座主题的策划包括了对图书馆身处环境的感知、对时代脉搏的把握、对用户需求的了解，涉及整体的调研、制订策划方案、遴选与聘请主讲人等一系列工作。

一、讲座主题策划的原则是什么

讲座的主题策划要注意与讲座的品牌定位相契合。在图书出版界，将选题称之为出版领域的“哥德巴赫猜想”。可以说高品质的主题策划造就高品质的讲座。除此之外，还要遵循以下一些原则。

主题内容所涵盖的信息和价值是最值得考虑的内容。图书馆讲座服务的内容也是如此。互联网时代信息社会和知识经济时代的快速发展，使讲座成为一种非常具有普适性的内容提供者，也是一项易实现的图书馆服务。讲座主题是对社会的反映，同时也是对听众思想的渗透。因此主题中所蕴含的内容价值或者说能量密度是至关重要的因素。

因此，如果获悉已经有一场讲座内容丰富且很符合本馆讲座的定位，可以考虑在不同图书馆和主办单位再行举办，不仅满足本地读者的需求，也能增加重要讲座的传播度和社会效益。这不是一种简单翻版，而是讲座的实时性和空间性所决定的。比如 2019 年中国图书馆学会的“激活经典，走向大众”专家巡讲，就是为了满足各类图书馆向全社会推广中华文化经典的需求。

（一）立足图书馆环境

立足主办图书馆所处的环境。这里包括空间的环境和科学人文历史社会环境。例如，同样处于首都北京，专家云集，资源丰富，国家图书馆的文津讲坛定位在传承历史文化，作为城市图书馆的首都图书馆，则以北京文化特色与国家图书馆优势互补，遥相呼应。而作为教育部属师范院校的排头兵，北京师范大学图书馆的专家讲座，拥有学科全面的特点，聘请的专家学者领域广泛，青年学生听众以及当代大学生的多样化需求，都使得专家讲座的主题策划得以兼顾丰富和厚重，更具有启发性和引导性。另外，如地域特色明显的广西壮族自治区图书馆的“八桂讲坛”推出的广西文化系列讲座，也具有鲜明的地域文化特色和浓郁的文化风情。山西省图书馆的“文源讲坛”则推出了系列的晋文化特色讲座。这些都是与图书馆环境相得益彰的成功案例。

（二）融合时代特征

每个时代都会有大众格外关注的话题，每个人都生活在这个时代当中，因此，围绕社会热点，或者时代话题，都可以策划一些讲座主题。

例如在 2008 年以及 2018 年，就有很多针对改革开放 30 年和改革开放 40 年的回顾、展望和思考的讲座。改革开放对我国的影响是巨大而深远的，这一时代议题从各个角度都可以衍生出很多的主题。同时这类主题在展示波澜壮阔的时代大潮的同时也引发对历史和未来的思考。再如在中美关系、中非关系等重要节点，尤其是“一带一路”高峰论坛时期，公共图书馆、高校图书馆都有必要策划类似主题的学术讲座和普及报告，以满足不同层次听众对重大战略问题的理解和认知，提升听众的综合素养。

（三）兼顾不同学科和主题

无论是公共图书馆还是高校图书馆的讲座，由于听众的多样化，决定了讲座内容必须多样化。因此，兼顾多学科和多主题是一个必要原则。单就对高校图书馆来说，学科的设置是相对严谨的，从学科角度来梳理知识是全面而系统的，讲座主题的策划也需要有全面的视角，从学科角度策划讲座主题能够直观地理解知识分布，避免了关注重点学科而遗漏了一些小众但是具有深刻意义的议题。公共图书馆则更需兼顾听众的多样性。

（四）逐步形成讲座系列

在看似彼此完全独立的讲座中，随着时间的推移，可以从长期考虑，逐步形成一定的讲座系列。例如北京师范大学图书馆的“专家讲座”经过多年的积累和规划，结合图书馆的其他服务和学校的教学科研，陆续形成了“世界图书与版权日系列”“校友系列”“院士系列”“研究方法系列”以及“中华文化经典”讲座等。国家图书馆的文津讲坛也已经形成若干讲座系列，如教育家讲坛、艺术家讲坛、科学家讲坛、企业家讲坛系列，以及中国典籍与文化系列讲座、中国研究专题系列讲座、国际知识与中国外交、地方文献与地方文化系列讲座、中国古今经典小说研究系列讲座、唐宋诗词鉴赏系列讲座等。再如山西省图书馆文源讲坛的“晋冀文化系列”等。在形成系列的过程中，使得主题策划及讲座定位目标愈发清晰，在讲座网站和公众号等发布时，也可以辅之以专题讲座系列类栏目，吸引听众的兴趣并可以有针对性地关注讲座信息。

二、讲座主题策划的方法和步骤有哪些

讲座主题策划包括长期策划和短期策划。长期策划是从讲座的历史脉络中进行思考，这是与讲座定位密切相关的；而短期策划则是指在自然年或者学期中一定的时间范围内来进行选题的组织策划。这里主要针对短期策划而言，这也是讲座组织者最常进行的一类策划。短期讲座主

题的策划一般分为如下几个步骤：

（一）广泛搜集和浏览信息

讲座主题策划需要以大量的相关信息为基础，才可以有更新更好的创意。因此了解讲座生态，从各类型讲座信息，到知名学者的擅长领域，再到科学、社会、人文以及社会热点等相关议题都应涉及。只有建立在对学界和文化了解基础上的讲座主题策划才能是扎实而富有创意的。

其次，汲取各方力量来共同完成主题的策划。相关机构、专家在其研究领域具有无可比拟的专业优势，可以通过谈话、座谈会等进行交流和探讨，碰撞火花，吸收营养，获得更丰富的资源。同时，吸纳听众的建议，通过问卷和邮件、微信等形式向他们征求选题，也会收集到有价值的信息，获得意外的收获。如北京师范大学图书馆“专家讲座”每学期都通过小问卷征求听众建议，鼓励大家推荐喜爱的专家，同时通过工作邮箱和其他途径也获得了很多推荐信息。

（二）统筹安排本年度讲座

在获取足够的相关信息之后，根据讲座定位、讲座历史的学科分布情况、当年重大事件和热点、学术与大众主题配比等，可以就年度讲座进行合理的部署。例如高校图书馆可以结合本年度需要侧重的学科，这些学科中有哪些议题可供选择，而议题中主讲人又有哪些与之相贴合；与社会重大事件和热点相关的讲座占几场，相关主题有哪些选择，可以作为替补的可能选题等。还可以配合公共图书馆当地环境或者高校图书馆的学校年度情况，在某些月份安排一些与之相应的主题讲座。在确定短期讲座选题的同时又要适度扩大主题，实施与规划的选题比例大约 1：2。

（三）确定年度讲座方案

这一步骤包括主题和主讲人的初选，讲座方案的起草和调整。在搜集信息和统筹年度规划确定之后，需要在既定的主题中进一步优化和遴选。主讲人是主题策划当中需要考虑的核心要素，也是讲座成败的关键之一。因此遴选主讲人与确定最终题目同步进行。这个步骤重点是将每个选题的主要候选题目和主讲人确定下来，同时列出至少 1 个备选方案。

主讲人和题目的排序一般遵循如下原则：第一是影响力。主讲人具备优良的专业素养或者具有较高的知名度，在本领域具备一定的权威性，有自己独特的看法并形成了较为完整的理论体系，在社会上具备一定的影响力，获得广泛的认可。第二是现场能力。主要是演讲能力和亲和力。好的主讲人可以把专业深厚的学识用浅显的语言表达出来，深入浅出且生动有趣。第三是中坚力量。中青年学者专家正处于学术和人生中的活跃阶段，思想敏锐，锐意创新。第四是因地制宜，多数情况下，优先邀请本地专家是提升讲座成本效益的策略。之后将基本确定的方案上报主管领导审核，再次调整，最终确定年度或者学期讲座的选题及相关主讲人，生成策划报告文本。

（四）联系和邀请拟定专家

在年度讲座方案确定之后，首先要联系拟定专家。一般以专家所在机构的官网为线索，在网页上寻找专家的具体信息。这部分的工作一定要注意细节，在每一个询问过程中都需要真诚，同时务必使用具有单位标识的联络方式，例如座机、带有单位标识的邮箱地址等，增加信任度，提高工作效率。详见第三章的内容。

三、什么是主题策划的管理和维护

为了增强讲座在选题策划的更新能力，积累素材和资源，增强讲座主题策划的灵活度和选择范围，需要在主题策划中增加对其的管理和维护。

（一）建立主题策划制度

在工作中通过各种方式积累选题，讲座工作组定期组织主题策划会议，将无形的主题策划具体化。例如定期的年度会议，以及不定期的主题策划商讨会，讲座工作群、工作圈讨论，以便策划具有充分的前瞻性、可行性和灵活性。

（二）建立专家储备库

讲座的主题策划不是一蹴而就的，长期积累各领域的专家名录是一个行之有效的方法。因此通过建立专家信息库，并关联主题管理，长期跟踪了解，可以保证讲座主题策划的连续性和稳定性。

（三）积累主题策划的信息源

主题策划是一个长期的过程，需要博览与本馆讲座品牌定位相关的所有信息。包括各界知名讲座品牌的讲座信息，尤其是高校图书馆和大型公共图书馆的讲座信息，还要关注网络和电视专栏信息。需要搜集各个学科知名学者信息、学者讲座风格、社会热点、人文热点、公民责任相关议题等。这些信息渠道的积累可以使讲座主题策划工作有传承，有延续，也保证了讲座主题策划的全面性。

第三节 讲座形式的策划

除了内容和主讲人，讲座形式的策划也是一场优秀讲座的必要保证。形式的策划能增加讲座的丰富性、趣味性和多样性。同时，还可以从不同的角度调动听众的热情，增强讲座的生命力和影响力。在第一章中，已经归纳了讲座的四种重要形式：讲授式、对谈式、赏析式和沙龙式。本节就当前各图书馆开展的讲座服务，将从讲座内容与形式角度来策划什么样的形式适宜哪一类型的主题。

一、依据主题的讲座形式主要是哪几种

（一）哪种主题适合讲授式

前文提到讲授式是讲座最传统也是最常见的形式。即由一名主讲人通过深入浅出的表达，向听众传达自己的学术研究成果和个人见解。学术前沿、热点、涉及政策导向、中外关系类的主题首选讲授式。比如北京师范大学图书馆“专家讲座”的“漫谈网络空间安全”“聚焦中非关系”“世界政治变迁与中国对外战略思考”和“如何认识《民法总则》”等主题，因为主题非常专业而且主讲人皆为国内该领域的权威专家，讲授式是最合适的方式。这种方式的优点是专业度高、信息量大、影响力强，听众在收获知识的同时感受主讲人的渊博学识和风采，沉浸在讲座的科技或人文魅力中。

讲授式不足之处是听众的参与度较低，因此讲座一般都会预留时间请听众提问，增加与专家的互动交流。讲授式讲座是属于操作相对简单、容易把控的方式。绝大多数图书馆讲座采用这种方式，如国家图书

馆“文津讲坛”、北京师范大学图书馆“专家讲座”基本都采用这种方式。

（二）什么样的话题采用对谈式

对谈式讲座是指同时邀请两位以上的专家就同一论题进行现场探讨的一种交流方式。这种形式可以引导听众从不同的角度看待同一个问题，在专家互动的过程中感受知识与思想碰撞的火花，往往比单一的讲授式更为生动。涉及中外研究比较、人物比较或者争议激烈的主题可以选择对谈式讲座。比如北京师范大学图书馆“专家讲座”的“1616 回望莎士比亚与汤显祖”这场讲座就采用了对谈式，因为 2016 年是英国著名戏剧家莎士比亚逝世 400 周年，而中国戏剧家汤显祖常被誉为“东方的莎士比亚”，所以讲座邀请了中外两名学者对莎士比亚和汤显祖两位伟大的戏剧家，从东西方两个角度进行探讨交流、阐释、解读两位剧作家在世界的影响，讲座内容与形式相得益彰，取得了很好的效果。另外在专家讲座“出走即回归，死亡即永生——列夫·托尔斯泰的生命启示”这一期的互动环节，也因地制宜地安排了“微型对谈”，邀请主讲人北京师范大学俄罗斯文艺中心的李正荣教授、主持人中国社科院外文所的吴晓都教授和来自俄罗斯的研究专家一同上台，就读者问题、讲座主题进行解答和讨论，三位专家的精彩发言使互动交流高潮迭起、听众受益匪浅，讲座获得了超过预期的成功。

相较于单一的讲授式，对谈式讲座的优点是听众能获得更丰富的信息，讲座形式更有设计感。策划对话方式的讲座需要讲座主办方和有关主讲人前期对结构进行缜密的沟通。缺点是协调成本高，经费及时间的成本相应也会更高，听众也可以参与讨论，讲座过程的掌控难度加大，尤其是遇到观点针锋相对的场面，更难把握。

（三）鉴赏式讲座适合的对象有哪些

鉴赏式讲座可容纳的主题限度比较宽泛，比如那些与艺术相关的讲座，就可以引入一些表演、展示、现场发挥的环节，与讲解主题相呼应，使讲座更加生动。比如北京师范大学图书馆“专家讲座”的“传统文化体验学堂”系列就采用这种形式，在“怎样读古诗”讲座中插入了古诗吟唱、学唱环节，在“东方语境下的艺术直觉（泥人张）”讲座中安排了听众跟主讲人张宇先生学做泥人的环节，在“书法与中国文化”一讲特地邀请主讲人北京师范大学书法系倪文东教授现场挥毫、示范和讲解，使听众大饱眼福，获得听众的赞许。这种形式能够最大限度地通过形式的变化提升讲座的魅力和吸引力。让听众更直接地感受艺术，也有助于听众陶冶情操，提高人文和艺术修养。

（四）沙龙式讲座的优势是什么

沙龙式讲座一般规模较小，话题广泛。围绕一个主题，参与人都可以轮流发言，自由畅谈，各抒己见。这种形式适合对“同读一本书”、一个作家作品的讨论和分享、一本新作的分析鉴赏。比如北京师范大学图书馆开展的“《平凡的世界》阅读分享会”以及分享新作的“作者书语”活动。其缺点是对人数限制性较强、人数较少，比较影响覆盖面。优点则是深度性较好，参与者都可以参与交流。

（五）访谈式讲座有怎样的风险

访谈式（采访式）讲座是指通过主持人与主讲人一问一答的方式，将要传达的主题进行逐步的深入，这种方式较适合于解答大家的疑问，易于最大限度地发掘主讲人的宝库。难点在于这种方式对主持人是个考验，要避免这种一问一答的方式割裂整个讲座的系统性。另外，这种方式要求主持人对主讲人及其议题要有相当的了解，避免“尬聊”，因此风险性稍高。图书馆大型讲座较少采用这种方式。

二、讲座形式策划原则有哪几点

（一）创新性

随着时代的发展，大众媒体的覆盖面和模式都有了全面的改变。就高校图书馆而言，学校的课业和就业压力占据了学生的大部分时间，如何让高校图书馆的讲座更好地吸引听众是讲座面临的重大挑战，因此讲座形式的创新是非常有必要的。虽然互联网时代人们“虚拟现实”的交流方式非常便捷多样，但是面对面的聆听和感受还是很难被技术所取代，或者说人们更需要真实的交流，图书馆的讲座正好可以提供这样一个平台，通过对形式的变换和创新，让这种面对面的研究交流和互动在传媒中占据一定的位置。

（二）因地制宜

讲座形式多样化固然好，然而还是要因地制宜。根据讲座成本及人力情况来考虑哪种形式可以承受。例如对谈式的讲座中讲酬成本的上升；采访式讲座对主持人的要求，能否有合适的人员胜任；而赏析式讲座则对场地的要求较高。因此，提前进行周密的策划时，要考虑诸多的因素，一方面要引入多样的形式，另一方面也要因地制宜，重点是保证讲座的延续性和内容性，对于很多资源情况一般的图书馆而言，在形式上的拓展更多的是锦上添花。

（三）适时性

讲座形式的创新是必要的，及时因地制宜，也要在适时的时候进行一定的变动，在适合的时机，一定要抓住机会，推出新形式，让人耳目一新。

三、讲座形式策划的步骤是什么

根据不同的内容及主讲人的偏好、场地情况、听众群等，可以根据具体情况选择不同的方式。前提是对各类形式的策划流程步骤都做到心中有数，熟练掌握。因为依照不同的讲座，形式的策划会略有不同。每个形式的策划都有不同的重点，针对一般的讲授式讲座，我们会在下一章中详尽讨论。在此专门汇总一下其他各种形式在策划中需要考虑的重点问题，详见图 2-5。

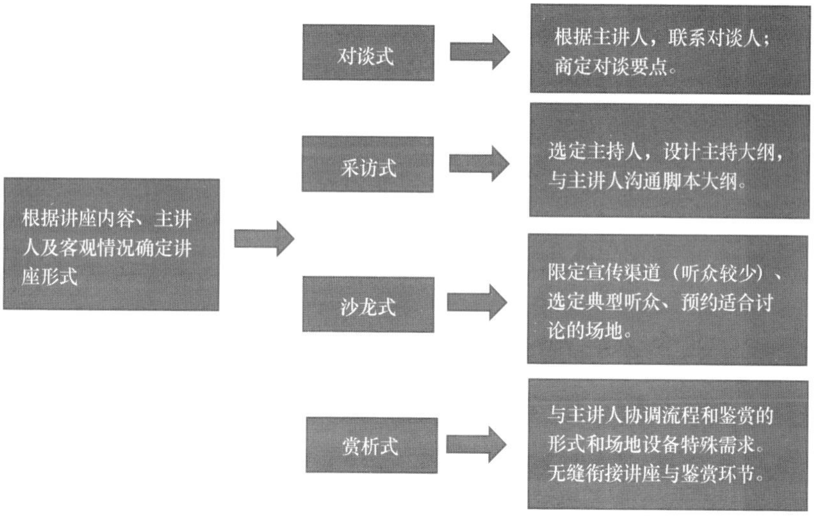

图 2-5　讲座形式策划步骤

最后，在每次讲座结束之后要针对不同的讲座形式来进行简单总结和评估。例如，讲座是否取得了预期效果？哪些环节比较成功？哪些环节可以改进？需要讲座的组织者通过自评和他评等多种方式进行总结和评估，成功之处总结经验，不足之处分析原因，不断尝试和完善，不断提高策划水平，推动讲座持续发展。

第四节　讲座经费预算

讲座经费预算是指图书馆对策划实施讲座所需费用的计算和预算，它规定了讲座开展中各种形式活动所需的费用总额、费用使用范围和费用使用方法。

讲座经费预算只是讲座运行的一个环节，却具有战略意义，因为经费预算的资金额度在一定程度上会制约策划最终的形态和设计效果。反过来说，特定的策划也决定着相应的资金额度。预算的分配是表示了该馆举办的讲座的侧重或者说重心。讲座预算的意义包括控制整个讲座的质量范围、提高讲座服务效率以及规划经费流向及分配额度。

一、讲座经费如何界定

讲座经费涵盖了举办讲座所需的一切费用。包括讲座前期调研策划费用、专家相关费用、讲座宣传费用、场地费用、数据保存分享费用、其他费用等。

（一）讲座前期调研费用

虽然讲座调研通常可以通过网络进行，但是讲座作为一个生成性程度较高的工作，有时候不到最后一分钟不知道讲座效果如何，如果能在前期调研过程辅之以实地调研，预先听过主讲人的现场，必定会对后续讲座的进行带来更大的保证和掌控。因此很多实地的调研也是必要的，这样会产生一定的费用，主要是少量的交通费用和入场费用等。

（二）专家相关费用

一般包括讲课费、交通费和食宿费等。按照规定支付合理的讲酬是对主讲人知识和付出的必要尊重。按照现行的财务制度，讲课费主要是以主讲人的职称来认定，再结合知名度和其他因素。著名的、品牌度较高的学校或者讲坛品牌，往往能以基础讲酬邀请到名家，这也是品牌效应的体现。但是因为经费的限制，高校图书馆一般优先聘请本地专家来主讲。另外，为了表示感谢和持续合作，一般会赠予主讲人印有图书馆相关标志的礼品、纪念品，并在年终寄送新年贺卡等。在举办对谈式讲座时，还应考虑对谈专家的讲酬。

（三）宣传推广费用

包括线上线下全部宣传品的设计、制作等费用。线下宣传费用包括宣传的实体印刷品，如海报、宣传折页、手册、入场券、读者赠书或者小礼品等。线上宣传主要有一定的平台建设费用、微信等新媒体编辑制作费用等。讲座的宣传推广需要多渠道、多角度，同时也需要有一个“阵地”，即讲座的存档及宣传数据库。数据库建设、维护都需要一定费用。另外，图书馆举办的讲座多在本馆的演讲厅、报告厅进行，但是也不排除因人数和其他原因需要申请其他场地，这样就会产生场地费用。因此，图书馆在建设场馆时，报告厅的规格和设施设备必须考虑讲座业务的需求。

（四）数据存档与共享费用

不论是公共图书馆还是高校图书馆，并非所有读者都有机会和时间现场聆听讲座，为了发挥举办讲座的最大效益，一般要对讲座的音视频资料进行采集。那么，采集信息所需的录音、录像、摄影等设备就需要采购和定期更新，有条件的话，还会有速记的费用。同时后续资源的建设、加工组织、保存及分享也会有软件和硬件的费用。比如有些图书馆，若干年前使用的是录音带、录像带保存资料，那么若要进行数字化转换，就需要相应的经费。当前图书馆讲座基本都采用数码设备采集信息，数字格式的录音、录像、照片等也需要存储空间。讲座资源共享时，有时还会产生相关的知识产权费用。

二、讲座预算应该考虑的因素有哪些

讲座的预算并不是越高越好，还需要考虑多方的因素，比如图书馆的经费预算和承受能力，讲座的目标、特点、主题等，讲座的举办频率以及本市、本校的讲座生态等。

（一）图书馆的经费预算

公共图书馆一般设有专门的公关部或者社教部来开展讲座业务，而高校图书馆的讲座服务只是信息服务体系的一个组成部分，费用的来源和比例不尽相同。高校图书馆讲座的经费来源一般可以有四种方式：第一种方式是图书馆使用馆内的行政经费。这种方式的优点是馆内主办讲座可灵活调整，缺点是受到图书馆整体经费的限制。第二种方式是申请校内的专项经费。这种方式的优点是不占用馆内的行政经费，用于讲座本身的经费会较为充裕，缺点则是连续性较难保证。第三种方式是引入投资，如数据库商的投资、出版社的投资或者第三方文化机构等。但是这类投资的引入会影响图书馆的中立性，不推荐使用；如果可以引入公益投资则是更好的选择，例如校友等社会力量。第四种方式是无形资产转让，即品牌效应。讲座的品牌和美誉度是讲座的无形资产，其承载的内涵和价值对于一些企业或者机构而言，便是一位高质量、高信誉、高效益、低成本的“形象代言人”，讲座可以采用企业冠名或者支持机构的合作方式来拓展资源。但是，这种经费方式必须严格按照相关法律进行，以保护图书馆的声誉和利益。

（二）讲座的定位和特点

各级各类图书馆因为讲座的类型不同，目标人群有异，其活跃度也是不同的。对公共图书馆而言，那些地域文化类、生活类、作家作品类讲座较受欢迎。而高等学校内，那些更为贴近学生需求的讲座往往容易触发听众的需求，诸如英语学习讲座、口语练习讲座、考研讲座、职业规划讲座等。作为大学生“第三空间”的高校图书馆，建议以促进教学科研和提升人文素养的学术讲座为主，这样就可以根据不同主题学科的热度，按照本馆讲座定位来均匀、稳定地进行经费的策划，从而不容易受到市场、资本或者舆论的影响。

（三）举办周期的因素

目前，公共图书馆的讲座多半是“周末讲座”模式，安排在周六周日进行。而高校图书馆在策划讲座的时候，讲座周期是必须要考虑的因素。比如要考虑大学生的开学季、毕业季、考试季等，从而规划图书馆讲座每个学期或者学年的举办频次，以此投入的人力物力来决定讲座大致的成本及预算的分配。

（四）特定的讲座生态

讲座预算要考虑的另一个因素是特定区域的“讲座生态”。所谓“讲座生态”就是一定范围内的讲座环境、特点和习性。比如首都北京，文化底蕴雄厚、学术资源齐全、名家云集，是全国学术思想的重要发源地和创新地，在我国学术发展过程中起着引领作用。既有国家图书馆，也有首都图书馆及其各级分馆，同时还拥有北京大学图书馆、清华大学图书馆、北京师范大学图书馆和中国人民大学图书馆等知名高校图书馆。这些图书馆的经费来源不同，即便是面对同样的讲座，讲座费用也是有较大差异。那么，各图书馆在举办讲座策划和预算的时候就要统筹考虑，制订符合本馆实际情况的预算方案。此外，还要考虑本校的讲座生态。比如北京师范大学图书馆，就要掌握校内主要负责举办讲座的院系和组织机构概况，比如校团委、学生会以及相关院系所，从而找到图书馆的优势和特色，那就是图书馆作为学校的信息资源及文化中心，更适合举办面向全校师生的人文通识类讲座，既可以选择与学科建设和发展相关的学术类选题，也可以选择跟社会热点相近的学术类选题。这种主题分布的生态一定程度上也会影响讲座预算的来源与分配。

三、讲座预算的程序方法是什么

讲座预算在讲座运行中具有一定的战略意义，在进行预算时，除了考虑以上多种因素外，也要遵循科学的程序与工作方法，具体包括以下内容。

（一）了解讲座计划、确定讲座规模

根据上述的图书馆类型和讲座形式来进行预算。包括根据讲座的举

办形式、内容、频率及规模，如多久举办一次，每次听众大约多少，使用多大的场地，主讲人的费用如何，宣传渠道怎样，是否有听众纪念品等，以此确定预算的规模。

（二）分配讲座预算

预算分配方法包括：

（1）按照花费项目内容进行分配；

（2）按照讲座进行的时间线进行分配；

（3）根据讲座的主题系列进行分配；

（4）机动经费预留。

（三）编写讲座预算书

讲座预算书是对讲座预算的列支、计划和分配进行详尽说明的文件。在一般情况下，讲座预算应在全年讲座内容计划之后，每年或者每个学期编写一次。预算应该包括以图表形式列出的项目列支、计划内预算分配及一些文字说明。

第三章 图书馆讲座的组织与实施

图书馆讲座进行周密策划、宣传推广，期望形成自己的品牌，这一切最终都要落实到每一场讲座的组织与实施，落实到一个个细节和操作上来。因此组织好每场讲座是图书馆讲座工作的核心内容。

讲座前期，组织者已经对讲座工作进行了整体策划，也已经研究确定出来年度或学期的讲座主题甚至是讲座主讲人候选名单。接下来，按照各图书馆讲座的定位和业已形成的讲座系列，如文化阅读系列、时尚世界系列、前沿科技系列、人生规划系列、院士系列和校友系列等，讲座组织者就要开始实施一系列具体步骤来组织一场成功的讲座了。

下面，就依据北京师范大学图书馆“专家讲座”的工作实践，针对一场具体讲座，从主讲人、听众、场地设备等方面，逐一解读要想组织和实施一场成功的讲座，组织者都需要做些什么、注意些什么。

第一节　主讲人的联络

一、怎样确定主讲人选

主讲人是一场讲座的灵魂所在。主讲人的出色表现，会让图书馆的讲座人气爆棚、声名鹊起，会引来听众的追捧，非常有利于图书馆长期开展讲座工作。相反，如果一旦出现主讲人表现不佳的情况，就可能会严重降低图书馆讲座的质量，使得听众大量流失。所以选择好每一讲的主讲人就成为非常重要的一环。第二章讲座主题策划部分的内容概述了选择主讲人的基本原则，在此具体谈谈选择主讲人需要考虑的因素：

首先，主讲人所擅长的讲座主题应在图书馆讲座的总体范围之内，最好在年度讲座计划之内。这样有利于图书馆讲座形成体系，突出核心内容。

其次，主讲人应该是其所在学科或领域的代表性人物，专业特长明显，在业内或社会上有相当的影响力和号召力。这样的主讲人在讲座中具有很强的说服力，能够正确引领听众获取相关专业知识和前沿信息，使讲座达到预期目的。

再次，主讲人应当具备较强的个人魅力、良好的语言表达能力，以及一定的现场把控能力。讲座不同于专业研究，具有很强的表现性，是“听与说”的艺术。主讲人在现场所展现的个人魅力很大程度上决定着讲座的效果。如果是一位“肚里有货却倒不出来”的学者，学问再大，专业研究能力再强，也不适合作为讲座的主讲人。在实际讲座中，疲沓的姿态、浓重的口音、平淡枯燥的叙述，会使得一些非常有专业建树的专家甚至是院士败下阵来，也让图书馆陷于尴尬的境地。

最后，也要考虑到主讲人的居住地点，是否能够方便成行，完成讲座。既要充分挖掘本地学者，也要关注到访本地的各方专家名人。

二、前期联络主讲人的主要步骤有哪些

主讲人一旦确认，就要尽快收集各方面信息，提前联系，预约讲座。前期联系主讲人的主要步骤如下：

（一）获取专家信息和初步沟通

讲座组织者可以充分利用各种信息来源获取主讲人各方面信息，充分了解主讲人的履历、专长和研究成果，以及以往参加讲座或其他公共活动的情况等，做到知己知彼、心中有数。

通过多种途径获取主讲人的联系方式。如果有中间介绍人，就可以尝试获取私人联系方式直接联系主讲人。如果无法直接获取私人联系方式，则可以联系其所在机构，通过机构办公室等途径获取联系方式。如对方不愿提供私人联系方式，则可以寄函至所在机构，请求代为转交，如有回音则可以获取联系方式。也可以通过各种网络信息获取联系方式，如主讲人以前参加过的讲座的主办者，主讲人个人的博客、微博、社交空间等提供的联系方式。

获得主讲人联系方式后，最好先通过电话、邮件等的方式，简要介绍图书馆讲座的从属、规模、历次做客本讲座的代表性学者，以及讲座的受众及影响力、讲座环境等。同时要诚恳地表明自己了解主讲人的专业特长、成就和影响力，并尝试发出讲座邀请。如果对方表示有兴趣进一步接洽，则应立即获取对方的电子邮箱、微信等联系方式，以便后期方便联络。

（二）正式发出邀请函

在获得了专家的有效联系方式、拟邀主讲人同意来图书馆讲座后，可按照主讲人意愿通过电子邮件或信函等方式发出正式的讲座邀请函。邀请函的撰写是邀请主讲人的关键。正式的邀请函应有固定模板，使用规范的格式和语言。邀请函内容不但要体现讲座的定位、品牌、听众对象和举办历史等图书馆讲座的具体情况，还要让专家感受到图书馆人的专业性。同时，要郑重表述对主讲人的真诚邀请。在邀请函中除了真诚的态度，更需要专业的素养。要做到务必对专家教学科研、研究课题和成果、讲座选题的目的意义等有较为透彻的理解，提高邀请成功率。在邀请函中，应同时提出可供主讲人参考的讲座主题，请其进一步确认。随着人们交流方式的变化和节奏的加快，在实践中，需要正式纸质邀请函的情况日趋减少。移动互联网时代，邀请函的形式可以多样，电子版邀请函日渐通行。

（三）协商确定讲座题目及内容等信息

主讲人接受正式邀请后，组织者要尽快再次联系主讲人，协商具体的讲座题目和所涉及的内容。组织者可以根据图书馆讲座计划以及对主讲人的了解先行拟定可参考的讲座题目，供主讲人选择、确认或修改。题目确定后，根据预测的听众主要构成，组织者最好跟主讲人进一步确定讲座的大致范围及主要内容，提出本馆的需求，如本次讲座的选题背景、希望涉及的知识面、讲座专业性深浅程度、哪些内容需要规避等，双方经过协商确定讲座的内容。比如北京师范大学图书馆的“专家讲座”在这个环节，还希望主讲人提供个人简介、照片、讲座提要以及推荐书目等宣传资料。如果未能提供，则需要组织者依据主讲人的官方信息整理编写，并经主讲人审阅。

（四）沟通讲座信息授权和对讲座环境的需求

为了保证讲座的顺利进行以及现场效果，组织者需要提前了解主讲人对讲座现场和保障条件的要求。如主讲人是否偏爱站立或走动演讲，是否很重视与听众的互动，是否需要现场进行计算机操作，对视频、音响、投影设备、黑板等有无特殊需求等。

一般图书馆都需要对讲座进行现场录音录像，这一点也需要提前与主讲人沟通，征求其意见。询问其是否同意将讲座的录音录像用于图书馆存档，或者用于限定范围内的发布共享。比如北京师范大学图书馆专家讲座除了图书馆的授权书，有时还会有第三方合作者如数据库商的授权协议，或者合作指导机构如中国图书馆学会的授权书等。

三、临近讲座如何联系沟通

前期联系工作完成后，组织者就要开始进行本次讲座的部署和筹备。在讲座时间地点确定后，一般是讲座举行的前 3~5 天，还要再次联系主讲人，进行各项事项的沟通。

（一）通报讲座的具体安排情况

在讲座信息宣传发布之前，要再次联络主讲人，确认其能够保证按时到场讲座，同时将讲座举办的时间、地点以及听众情况向主讲人通报，并回答主讲人的相关询问。让主讲人有所准备，确保时间和出行。

（二）确认修改宣传信息

就讲座宣传内容征求主讲人意见。如宣传海报、网页通知、内部广播电视上关于讲座内容、题目、主讲人介绍等内容，这些都需要主讲人确认。如有需要修改之处，也请主讲人尽快提供修改意见和资料。

（三）明确讲座要求

向主讲人明确讲座的相关要求和注意事项，比如，要求主讲人准备 PPT 或其他形式的演示资料，讲座时长不少于 2 小时，讲座后需要参与答问环节等。并针对这些需求征询主讲人意见，如有不能满足要求的地方，要提前做出应对。

（四）询问主讲人的需求

询问主讲人对讲座现场有什么特殊需求，如是否需要实物投影仪、上网条件、激光遥控笔、黑板、音视频设备等，现场主讲席的摆放是否需要调整等。比如，有时书法绘画类讲座可能会需要笔墨纸砚及较大的台子，演艺类讲座需要额外的话筒，大型文化讲座需要背景板、横幅等。此外还要了解主讲人是否有随行人员陪同到场。

（五）确认接送细节

与主讲人协商接送方式和细节，告知对方图书馆是否有车接送，如果没有专车接送，需要对方自驾或打车，则需告知具体位置、出行细节、接头方式等。同时要给予必要的出行提示，如避开拥堵、提前出发、进门收费以及一些道路情况细节等。

（六）提前一天再次提醒

主讲人往往都是集教学科研学术交流于一身的大专家，公务繁忙，所以讲座前一天或当天早些时候必须再次联络，提醒主讲人讲座事宜，以防万一。北京师范大学图书馆专家讲座一般会在讲座前一个工作日，专门向主讲人发送一份“讲座提醒”。包括交通路线、具体接待人和时间、候场地点（比如贵宾厅）以及讲座前需要主讲人签署的协议、题词、馆藏图书签名、拍照等细节，做到充分沟通，有备无患。尤其是嘉宾题词环节，最好提前告知主讲人，主讲人一般会提前构思，这样既能提高工作效率，也能取得良好的效果。

四、讲座前接待主讲人的细节有哪些

（一）接送主讲人

讲座前期确认好主讲人的交通方式。如果是图书馆派车接送，则需要图书馆保障部门协助订车，按照约定时间去接主讲人。如路途较远，则需和司机、主讲人协商好时间地点，以防交通堵车等意外情况影响讲座正常进行。接送时最好有图书馆派员跟车接待，与主讲人进行必要的交流。如果是主讲人自行驾车或打车到场，则需要图书馆派人在主要路口或大门迎接引导。必要时，还要协调好车辆出入、停车等细节。

（二）讲座前接待主讲人

主讲人至少应在讲座开始前半小时到达现场。到场后，邀请主讲人到贵宾室休息。此时由组织方负责人或主持人陪同，就讲座具体环节流程做进一步沟通。如需主讲人留下墨宝、签名留言、合影留念、签署讲座内容使用协议等，一般均在此环节进行。也可在此时赠送纪念品或者接受提前计划好的采访等。如遇重要和特殊的主讲人，可在负责人和主持人外，邀请本单位主管领导或相关专家出面接待。这种接待比较隆重，需要提前会同相关部门共同安排。比如北京师范大学图书馆的“专家讲座”，在邀请欧阳自远院士到校讲座时，就特邀校内李小文院士参与接待，他们是同行，也是故交，相谈甚欢，欧阳自远先生非常高兴。再如在邀请人大代表、知名法学家中国社科院孙宪忠教授举办讲座时，就特邀本校法学院院长担任学术主持，取得了良好的效果。

（三）为主讲人布置讲座环境

接待主讲人的同时，工作人员要将主讲人的 PPT 提前拷贝到计算机上，并进行播放测试。主讲人最好能提前将 PPT 发送到讲座组织者处，提前测试，以防讲座时出现移动存储设备损坏、网络不通等意外情况，影响讲座进程。如主讲人到场时有新修改的 PPT，需要重新拷贝测试。

五、讲座中如何协助主讲人

（一）介绍主讲人

讲座开始后，主持人应热情邀请主讲人出场，介绍主讲人的学术成就，并针对当天的讲座内容进行简单的背景介绍。开场环节简明扼要，时间尽量控制在 3~5 分钟。如遇对话式讲座，主持人与主讲人会进行持续对话，按照主持人的引导进行后续内容。

（二）关注主讲人

主讲人开始讲座后，主持人要随时关注讲座动态，协助主讲人完成相关环节，处理突发情况。比如，有时需要协助主讲人播放 PPT 或音视频资料，有时需要安排人员协助展示字画、图书、赠书等，有时需要和听众互动等。

（三）协助完成互动环节

讲演完成后，主讲人在互动环节中回答听众问题，这个环节需要主持人进行引导和把控，与主讲人事先协商后控制提问时间和问题数量，化解不适宜回答的问题，保证讲座顺利进行。

（四）向主讲人致谢

主讲人完成讲座后，主持人要真诚致谢，并对本场讲座进行归纳。如果有礼物需要现场赠送给主讲人，则此时可以一并进行。这个环节，主持人应要调动听众的情绪，营造出热烈隆重的氛围，同时合理安排主讲人和听众的进一步交流，比如合影、签名等，为双方的深入交流提供帮助。

最后，派人送主讲人安全离开。

六、讲座后与主讲人联络的要点有哪些

（一）再次致谢并保持联系

讲座后第二天，最好以邮件等方式正式向主讲人表示感谢。并将讲座的相关照片发送给主讲人留作纪念。也可以在随后的节日里寄送贺卡联络感情。北京师范大学图书馆专家讲座一般会选择主讲人题词、签名、讲座过程、听众合影等代表性照片，发送给主讲人留念，这一环节体现了图书馆工作的专业性和人性化。新年到来之际，图书馆还会向主讲人寄送本馆的贺卡，以示感谢和祝贺。

（二）邀请主讲人配合后期讲座衍生产品的形成

针对讲座文档、录音、录像等资料的使用方式向主讲人通报，如有需要配合的需求也一并提出并做好约定，如邀请主讲人本人或派人审核讲座录音稿、报道稿等。

稿件整理后，需送主讲人过目方可发布。如有剪辑好的视频、音频

等，也需送主讲人处审核认可后加以使用。讲座文稿汇编文集，无论是全文稿或者节选稿，均需经主讲人审阅。比如，北京师范大学图书馆2002年百年馆庆时，便将之前的讲座汇编成文集《著名专家学者北师大演讲集》正式出版，全部文稿由现场录音整理而成，经主讲人逐一审核。

第二节 听众的组织

不论是公共图书馆还是高校图书馆，讲座基本上都是公益性的开放式讲座，听众自愿参加。因此，到讲座现场参与的听众的数量、构成，听众在讲座中的反响等都无法准确预测。因此，组织者需要在讲座前期、讲座现场做大量的听众组织工作，才能够保证讲座的顺利进行，获得良好的效果。

一、如何做好前期调研

组织者在讲座的选题选人过程中，一般都十分注重来自听众的意向，希望能够有的放矢地组织讲座，以期获得良好效果。讲座组织者会需要在可能的场合，以各种形式获取潜在听众群体的意见，不定期进行读者调研工作。具体方式如下：

（一）平时多途径征求意见

在图书馆官网的讲座专栏中设置调查问卷或意见收集箱，设立推荐专家的专门区域。这样可以经常性地收集对讲座感兴趣的用户的意见和建议，了解大家的兴趣所在，获得更多的潜在主讲人信息。北京师范大学图书馆一般会在期末、年末对校内听众发放问卷，有针对性地征求大家关注的议题，鼓励大家推荐主讲人。

（二）讲座现场调研

每次讲座时，在现场发放调查问卷，并主动与听众进行个别交流。可以针对某些主题、某些讲座征求听众的意见，了解听众对讲座组织者的期望，听众也会就组织者的具体工作细节直接指出不足，或提出建议。

（三）充分发挥志愿者的作用

以上两种形式都可以请图书馆讲座工作的志愿者、学生助理帮助完成。志愿者或学生助理作为讲座听众中的一员，更能够站在听众的角度，顺利进行这些调研和信息的收集工作。

（四）调研数据的整理和存档

将从各种途径收集来的听众意见和建议，以及推荐的主讲人和讲座内容建档，留作后期工作使用。也可以利用多年积累的资料，进行相关研究，探索图书馆讲座的特色和发展规律。

二、怎样做好讲座前的宣传与组织工作

鉴于图书馆讲座大多为开放式讲座，加之第二章提及的“讲座生态”问题，在讲座服务日渐繁荣的环境中，图书馆要想提高上座率，或者让预期人群能够尽可能多地参加讲座，讲座前的宣传与组织尤为重要。宣传形式和宣传效果直接影响着讲座的最终成效。这部分的具体工作主要有以下几方面：

（一）多种形式的宣传

在当今互联网环境下，组织者要通过各种方式对讲座进行宣传，充分发挥传统媒体与新媒体的优势，对讲座进行细致全面的宣传推广。以高校图书馆为例，具体的措施包括在人流密集区域、讲座地点门前张贴彩色海报、放置宣传单；在主要交通路线拉横幅；在图书馆官网上发布消息，利用学校和图书馆电子屏滚动播出预告；在社交网站（如校内论坛、学术交流网等）上发帖，利用机构微信公众号、企业号等媒体发布消息，可利用内部广播站或电视台播报讲座通知，也可将本馆讲座信息发布到校外的讲座平台。

讲座宣传时要注明对参加讲座听众的要求，如必须携带有效证件、遵守报告厅规范、互动环节须知等。

（二）制作、发放入场券

在组织一些热门讲座时，会场上会出现听众爆棚的现象，给现场组织和安全维护造成很大挑战。因此，组织者需要预先策划，控制听讲人数。一般的解决途径是要求听众预先报名，提前制作、发放入场券，或通过短信、微信等发送认证标识。讲座通知上要注明发放入场券的时间、地点及发放方式等。国家图书馆“文津讲坛”采用刷身份证听讲的办法，北京师范大学图书馆除了采取派票方式之外，也利用刷校园卡和身份证登记的方式来控制流量。

（三）讲座宣传要有针对性

首先要保证重点听众群体的知情率。尤其是高校图书馆，有些学术讲座比较专业或比较前沿，需要保证专业听众的到场率。如在某学科专业讲座中就需要相关院系的师生到场，以体现讲座的最大效益，同时保证现场互动的顺畅，从而发挥图书馆为学校的学科建设和人才培养服务的价值。这种具有针对性的讲座宣传可以通过在重点地区加强宣传、直接联系院系师生、联合相关学生社团共同宣传组织等方法来提升宣传力度。就北师大图书馆专家讲座而言，法学、国际关系、环境保护、知识产权等类讲座需要有针对性地进行宣传，而文史哲艺术类等普适性讲座往往无须有针对性地推广。有关宣传的详情参见第六章。

三、如何组织讲座现场

听众是讲座现场的人群主体，人员数量大、构成复杂、自由度大。要想保证讲座顺利、安全地进行，现场听众的组织工作需要精心安排。

（一）有序入场

组织者要提前半小时到场，打开大门，清理通道，引导听众陆续有秩序地入场就座。尽量不要让听众在门前停留聚集。门前要保证全程有人值守。如需验票入场，或查看证件，则需保证值班人员事先培训，动作快捷准确，不要造成人员滞留。

（二）文明安全约定

讲座开始前组织者利用各种方式向听众宣传文明安全守则，如由组织者在会场宣布文明听讲的注意事项，提醒听众要文明有礼、遵守秩序、手机静音、尊重主讲人等，交代在互动环节中听众提问时要注意的时间及提问方式等。同时向听众说明会场的应急通道和应急措施。组织者也可以将以上注意事项用 PPT 或小视频的方式反复播放。

（三）全程关注听众动态

讲座开始后，组织者和主持人要随时关注台下听众的动态，做出应对。比如，听众对主讲人提出的观点反应过于激烈，甚至产生了哄闹和辩论时，主持人要能迅速反应，及时平息。若出现听众大批离场的情况，主持人也要随机应变，安抚主讲人的情绪。在互动环节中，主持人要出面组织听众有序提问交流，提供流动话筒。要根据现场实际情况控制提问时长及数量。如遇提问中涉及一些敏感或不宜在公众场合交流的问题，主持人要能及时掌控，引入其他问题。

（四）安全退场

讲座结束后，要及时疏散听众，引导大家安全退场。对于需要留下向主讲人咨询问题的听众，组织者要给予适当关注，控制时间。对于耽搁主讲人时间过长的听众可由组织者劝退。

第三节　场地设施与设备

图书馆讲座一般会在图书馆报告厅或会议室举办，有时也会在学校的报告厅、大教室、活动中心等地方进行。这些地方从预约、准备到最后的使用，都需要一系列的规范流程来保障。

一、场地审批的程序有哪些

图书馆讲座大多是常年举办，有很强的连续性。每学期或每年度都要制订计划，计划确定后，组织者就需要尽快联系可能使用的场地负责机构，了解申请使用的手续和要求，准备随时审批之用。

确定具体讲座时间后，组织者要按照规定及时申请预约讲座场地，办理相关手续、缴纳费用，保证场地使用。

二、场地设备包括哪些

讲座所需设备有很多，需要事先逐一安排和测试。这是一件非常细致，需要很强责任心的工作。如果场地内原有设备不全或不能达到所需效果，组织者要提前自备并安装测试。主要设备有以下几类：

（一）演示播放设备

联网电脑（包括需要预装的软件）、投影仪（高清）、实物投影、影音播放设备等。

（二）网络保障

有线网网线、无线网、上网账号、移动设备投屏系统等。

（三）音响设备

固定话筒、移动话筒、扩音设备等。

（四）录音录像设备

录播系统、网络直播系统、录音录像设备，包括可用插座/接线板等。

（五）灯光设备

为某些讲座营造气氛的特殊灯光，要了解场地灯光开关的布局。

三、场地布置需要注意些什么

有些场地本身的功能并不是用来举办讲座，而有些讲座又有自身特殊的需求，因此场地确定后，要根据需要提前到场布置。

（一）桌椅布置

根据讲座形式、主讲人的演讲习惯，将桌椅、讲台进行调整。比如，主讲人习惯走动演讲，就尽量清空台面，把讲桌和电脑移向一侧，准备好遥控翻页笔，让主讲人充分展示自己的演讲风格。如果是访谈式讲座，则讲台可布置为对话比较方便的面向或斜向听众的沙发组加茶几。

（二）划分区域

在听众区划分来宾区和一般听众区，并摆放桌签或在椅背上粘贴标识。有些讲座会邀请一些重要来宾、业内同行或相关机构领导参加，组织者需要提前为这些来宾设定区域，保留座位。必要时还需要提供资料袋和饮水等。

（三）气氛烘托

会场上要根据讲座的主讲人身份、讲座内容的需要，在会场布置横幅、彩旗、鲜花花饰、绿植等。有些重要讲座，还需要安装额外的大型 LED 屏等播放设备，以达到特殊的氛围效果。

（四）现场宣传

会场门口要在讲座当天提前放置讲座的宣传展板或易拉宝等，有些重要讲座或专题讲座还要配合讲座提前布置小型展览。有时也会根据需要设置接待桌，进行签到或摆放宣传品。

四、场地安保如何落实

图书馆讲座是大型活动，参加人员众多，场地也较大，因此安全问题非常重要。讲座组织者要本着“安全重于泰山”的思想，提前做好相关工作，完善应急预案，杜绝各类安全事故发生。场地安保主要包括以下几项：

（一）思想重视，完善应急预案

图书馆要针对大型讲座活动制订和完善安全应急预案，落实责任人。

（二）申报审批

组织者要按照所在机构的要求，提前上报讲座申办请求，完成大型活动审批手续。

（三）保安人员值守

根据讲座需要，提前申请保安人员到场值守。组织者要对保安人员提出具体要求。如要求在会场开门前到岗，巡视会场进行安全隐患排查，在大门及场内设点站岗，听从主持人安排，维护讲座秩序，应对突发状况。

（四）讲座结束后，清理现场

组织者在听众退场后，要进行场地安全检查，确保门窗水电的安全，与场地负责人交接后方能离去。

第四节 现场组织

讲座举办的现场，人员多而杂，状况瞬息万变，随时会有意想不到的情况发生。这就要求讲座组织者做好充分的准备工作，协调好现场的每一位工作人员，每一个环节丝丝入扣，做到一切尽在掌控之中。

一、会务人员怎样分工合作

参加讲座服务的人员来自各个部门，有图书馆方面的组织者、主持人、拍照录像人员、会场服务保障人员、会务志愿者（如学生社团志愿者）、安保人员等。讲座组织者要事先把每个人负责工作的内容、要求以及注意事项明确传达到人，对志愿者还应当给予基本培训。

会务人员按照要求时间到场后，要迅速到位，准备好用具、器材设备，各司其职，做好准备工作。如摄影录音人员要找到最佳位置，连接电源，摆放好录像设备，设置好拍摄参数，预先设计镜头推拉及摄影角度（如全景、特写、PPT 之间的切换）等方案；拍照人员要事先检查相机是否已充好电，熟悉场地情况，设计拍照角度和必拍画面，如会场全景、主持人开场、主讲人特写及代表性动作、听众反响、互动环节等；组织者要再次确认场内音响、播放及投影等设备是否就位，能否顺利使用；服务人员要准备好饮用水、茶杯茶叶等；志愿者协助组织者在入口处摆放讲座标识，查验入场券或证件，发放讲座资料，引导听众入场；安保人员在入口等处就位等。

二、需要准备哪些物品

除会场内事先准备好的设备物品外，讲座组织者当天还要携带好一些必要物品到场。组织者要事先制作所带物品清单，这份清单一般包括每场讲座必带物品，针对某场具体讲座，则在此基础上特殊添加。每次讲座前，组织者要核对清单后带齐物品，保证不丢不落。

举办讲座所需携带物品一般包括：主讲人及主持人桌签/名牌、签字簿、讲酬及签字表、讲座内容及录音录像使用协议、激光笔/遥控翻页笔、应急电池、记录本、签字笔、矿泉水、茶叶以及赠送给主讲人的礼物等。

三、接待嘉宾及媒体的细节有哪些

有些重要讲座，会有一些特殊来宾到场，如参与讲座活动的特邀嘉宾，来听讲座的领导、专家等重要来宾，还有闻讯而来或应邀前来的各路媒体。组织者要安排人员给予稳妥接待。

对于特邀嘉宾和重要来宾，组织者要引导他们在预留的专门席位上入座，提供饮水等服务。如果有嘉宾要参与讲座中的某些环节，则需要抓紧时间交流讲座流程及活动细节，保证讲座各环节的顺利展开。

对于各路媒体，则根据他们各自的需要快速引导他们找到合适的位置，提供电源、网络、桌椅等方面的保障，使他们进入工作状态。同时要再次确认是否要求其发稿前由组织者审阅同意。

四、组织有序入场的要点有哪些

要保证讲座入场有序稳妥，应做到以下几点：

（1）至少提前半小时开门，保持通道畅通。如需收取入场券或查看证件，则需要对工作人员事先培训，要保证入场速度，不要使人群聚集在门前。

（2）在有些场次的讲座中，场内有事先预留的座位，如嘉宾席、领导席、摄像席、记者席等。在这些人员入场时，需要有人引导或在相关席位上设置明显标识，以免造成麻烦。这一点在人员爆满的讲座中尤为重要。

（3）在现场播放讲座宣传视频或 PPT，发放讲座宣传单，让提前到场的听众能尽快安静下来，进入讲座氛围。这期间也可以进行听众调查和个别交流等活动。

五、如何全过程把控讲座

（1）听众入场后，讲座组织者和主持人就要开始把握整个讲座过程，引导讲座一步步顺利展开。

（2）讲座开始前，主持人或组织者要随时关注听众的动态，进行必要的沟通或现场交流，了解听众的需求以及对讲座的预期，了解听众的主要构成，了解听众到场的动机等。拉近与听众的距离，在主持讲座时就能够做到“现挂”，引发听众的共鸣和兴趣。

（3）讲座开始时，主持人先行介绍图书馆讲座的情况，以及现场讲座的目的和主要内容。

（4）主讲人上场时，主持人要制造热烈氛围，引导到场听众鼓掌欢迎主讲人。

（5）主持人介绍主讲人的基本情况，着重介绍其与讲座内容相关的重大成就和社会影响，突出主讲人的特色和专长。

（6）主讲人演讲开始后，主持人和组织者要随时关注主讲人的临时需求，也要关注听众的反应，主持人在必要时可以出面帮助主讲人把控局面。

（7）演讲结束后，主持人引导大家致谢后，要对讲座内容进行简单的归纳总结，点明收获较大之处，呼应图书馆组织本次讲座的目的。随后再次对主讲人表示感谢。

（8）主持人宣布讲座结束。请听众有序退场，护送主讲人离开。

从入场开始，到最后清场结束，整场讲座的过程中充满各种不确定性，讲座的主持人及组织者要随时关注主讲人、听众的动态，也要注意场内外环境的变化。如有突发情况出现，则要不惊不乱，把控场面。

如果主讲人因故未能按时到场，需要推迟讲座开始的时间，主持人要及时发声，说明情况，安抚听众情绪。如果主讲人迟到时间较长，可以临时组织听众进行互动、做小游戏、观看小视频等。如果遇到因主讲人原因临时取消讲座的情况，也要有应急预案，如播放精彩影片等。

如有听众或主讲人突发疾病或出现其他状况，影响到讲座的进行，主持人首先要稳定全场听众的情绪，不要引起更大的骚乱。同时组织者要立即与现场安保人员联手及时应对，必要时疏散场内人员。讲座全程要保证各疏散通道的畅通。

六、组织互动环节需要考虑什么

大部分图书馆讲座都会设有互动环节，在主讲人完成演讲后，主持人会组织现场听众进行互动，向主讲人提问。这个环节会根据讲座内容的不同、主讲人的习惯不同而以不同的形式进行，时长也有所不同。讲座组织者要注意以下几个方面的问题。

（1）讲座组织者要事先准备好一些互动问题，以防无人提问时冷场。这就需要组织者提前尽可能全面详尽地了解主讲人的研究领域，了解听众的兴趣点，准备一些有质量而又变通的问题。如果需要，要安排好现场提问的人员，可以是工作人员也可以是志愿者学生等。

（2）主持人要适时发起互动环节。一般互动环节都会安排在主讲人演讲完毕之后马上进行。主持人要用语言激发听众的互动欲望，要有针对性地加以引导。

（3）主持人要控制互动环节的时长和问题数量。图书馆讲座都有时间限制，一般控制在 2 小时之内，对于主讲人来说，完成演讲后不会剩余太多时间，一般也不会延长讲座时间。因此用于互动的时间有限，需要主持人适当把握。主持人要根据时间安排和主讲人的意愿，提前宣布接受问题的数量，提示最后一个问题的限制。在听众提问时，如果遇到过于复杂和啰唆的问题，要替主讲人驳回或简化。

（4）如遇有听众提出一些不适合在公众场合讨论的话题，或有挑衅意味的话题，主持人要及时制止或把话题引开，以免造成恶劣的影响。

（5）要保证听众提问的声音质量，安排工作人员递送移动话筒，提高互动环节的效果。

七、如何保证安全退场

主持人宣布讲座结束时，应当同时明确听众退场注意事项，如说明退场路线、要求听众带走垃圾、提醒听众不要遗落物品、不要喧闹拥挤等。

讲座结束后，通常会有热心听众围住主讲人提问或交流，甚至索要联系方式等，主持人要陪同主讲人接待这些听众，随时应对。如有人过长时间地延误主讲人离场，组织者或主持人要及时进行劝解，保证主讲人的安全和休息。

组织者要派人送主讲人离场，安排好回程。

组织者派人巡查会场，清理物品，关闭各种设备，检查门窗，与会场管理人员交接后，安全离场。

第五节 讲座组织与实施要点

图书馆组织讲座是个“系统工程”，从收集资料、听众调研，到制订工作计划、选择讲座主题、策划具体讲座活动，到联系主讲人、宣传组织、场地准备，再到现场组织实施，最后还要做好后续的资料整理、宣传报道等，涉及的人员及事项纷繁复杂，环环相扣，每个环节都要确保万无一失。图书馆讲座的组织者在工作中要做到头脑清楚、认真负责、细致周到，还要有强大的心理建设，做到镇定自若、遇事不慌。以下几点在讲座的组织实施操作中非常重要，需要组织者加以重视。

一、计划到位，安排有序

在一段时间的讲座实践后，每个图书馆的讲座都逐渐形成了自己的风格和特色，有自己的既定宗旨，拥有相对稳定的主题序列。图书馆在选择讲座主题和主讲人时，一般会在一定的范围之内进行，不会太过偏离系列讲座的大框架。这样才能够有助于维持自身讲座的风格，达到可持续发展的目的。比如，北京师范大学图书馆举办的“专家讲座”系列至今已延续近30年，依然受到师生热捧。“专家讲座”的宗旨就是侧重学术前沿、严选主讲人专业水平、配合学术热点、提升学生学研素质。讲座邀请过叶嘉莹、王选、赵忠贤、杨叔子、欧阳自远、方滨兴等院士，启功、王宁、韩震、王缉思、辛德勇、孙宪忠、黄爱平、钱婉约等学术界名师也曾登台主讲，还有东方名师徐小平、泥人张传人张宇、微软唐骏等“热点人物”做客“专家讲座”，这些讲座在师生中引起热烈反响。校内的讲座频出，但更迭频仍，只有“专家讲座”30年来屹立不倒。

图书馆讲座组织者每学期期末或年末要召集相关人员开会，研讨讲座工作重点、拟选主题和主讲人人选等，并就经费落实、人员安排等做出规划和安排，制订出比较详细的工作计划。

图书馆讲座工作要有专人负责，并由专职或兼职人员组成工作小组。小组成员间要保持密切联系，分工明确，协同工作。负责人要对小组成员或参与者进行相关培训，讲明工作责任及操作细节，明确需要达到的标准。工作小组要做到随时准备着，“招之即来，来之能战，战之能胜”。有关讲座团队建设问题参见第五章。

讲座组织者要建立完备的讲座档案系统，要对主题热点、主讲人信息、听众关注点、讲座组织情况、讲座各类统计，主讲人往来联系信息、经费使用情况、每一讲的总结材料和报道稿等详细记录并建立数据库，方便随时提取使用。

总结组织讲座的工作经验，将组织实施讲座的工作流程、操作细节列成表格，每次讲座对照执行，最大程度上避免失误。

二、团队协作，分工明确

图书馆讲座的组织实施工作纷繁复杂，一场讲座从策划到最终讲座完成，短则十天半月，长的可能会历时数月。这期间，需要工作小组完成大量的工作。工作小组一般会包括各方面的专职或兼职人员。这个团队要明确主要负责人，统一号令，相互保持顺畅的沟通。人员之间必须分工协作，互相配合，才能保证讲座的顺利举办。

（一）策划主持人员

讲座的策划主持工作一般由专职负责讲座工作的馆员担任。负责组织听众调研、收集整理讲座主题和主讲人资料，通过各种途径联系备选主讲人，并随时与主讲人沟通直到讲座完成，并且担任讲座主持人。策划主持人员还要在每次讲座后进行总结和资料归档等工作。同时要负责整个讲座组织工作各环节和人员的统筹安排和协调工作。

（二）宣传推广人员

讲座的宣传推广工作主要包括图书馆讲座品牌的完善与推广，为讲座活动造势；每次讲座的宣传，包括策划设计网页、海报、广播稿、宣传视频、微信推文等，并及时发布到位；负责联系媒体进行采访报道等。所有宣传推广工作都要与策划人员随时沟通，做到内容精准、风格统一、形式精美。讲座宣传推广工作一般由图书馆宣传工作岗的馆员兼任，有时也会请公司或有特长的志愿者（学生）担任。

（三）服务保障人员

服务人员负责主讲人接送、场地布置、现场服务等工作，保障人员则负责场地设备、电力、网络等的正常运转。此类工作大多由所在场地工作人员负责，讲座组织者务必事先把工作职责和要求明确告知，并督促落实到位。图书馆也会派人承担部分工作，一般都是由专职负责的馆员指定或带领人员完成。

三、细致周到，从容应对

细节决定成败，这种说法特别适合图书馆讲座的组织实施工作。讲座组织实施的全过程需要组织者不放过任何细枝末节，每步工作到位。这就需要讲座组织者和相关工作的参与者要具有很强的责任心，工作细致周到。

讲座组织和实施过程中随时可能遇到来自主讲人、听众、环境等的临时性意外状况，组织者还需要有很强的灵活应对能力，也要有气势能够把控场面。

（一）礼貌周到地接待主讲人

负责接送主讲人的工作人员要守时负责、彬彬有礼、谈吐得当，给主讲人留下良好的印象，使主讲人有饱满的热情进行演讲。主讲人到场休息时要有负责人或主持人热情接待，提供所需条件。讲座过程中，主持人要随时关注主讲人的需求，及时安排帮助。比如，主持人需要有人帮忙展示作品、需要帮助播放 PPT 或音视频等。主讲人演讲结束后，主持人要引导听众鼓掌致谢。

（二）尊重听众，提供方便

要了解听众的心理，让大家尽快适应场地，安心听取主讲人演讲。比如，提前开门以免排队拥挤，开讲前以播放宣传片、提供宣传材料等方式让听众尽快进入讲座氛围，提升场地音响质量来保证听众听讲的舒适度，散场时引导大家有序离开等。

（三）从容应对突发状况

讲座期间遇到意外状况发生时，组织者要情绪镇定，本着安全第一的原则，从容应对。比如，有时讲座当天会发现附近有大型活动吸引了原本来听讲座的听众，导致听众数量大幅下降，这时就需要组织者一方面尽可能紧急联系一些院系、团体组织人员参加，另一方面要提前主动跟主讲人打招呼，让其做好思想准备，以免影响情绪。

有时因主讲人的原因，会迟到或取消讲座，讲座组织者首先要尽量避免此类情况出现。曾有专家临近讲座时因自带的移动存储设备故障无法打开演示文档，因此不愿开始演讲，试图取消讲座，讲座组织者尽力劝慰主讲人，并大力推崇其专业水准，使其信心十足，鼓励其脱稿完成讲座。讲座组织者也因此接受教训，每次尽可能让主讲人提前发送演示文档，或多途径存储文档。在讲座现场还有可能突发自然灾害、断电等情况，这时主持人要及时稳定听众的慌乱情绪，与现场的安保人员联手，等待故障排除或尽快疏散人群。讲座是大型公众活动，组织者务必要提前做好各类应急预案，事发时才能够做到遇事不乱，从容应对。讲座的一般工作流程如表 3-1。

表 3-1 图书馆讲座组织实施工作流程

阶段	内容	具体事项	具体操作时间
前期筹备	制订计划	总结前期工作	每年度或每学期一次
		确定下一步讲座工作的整体规划	
		拟定阶段性主题及主讲人列表	
		确定经费预算	
	上报审批	完成上述各项报批手续	
	联系主讲人	获取主讲人联系方式，发出讲座邀请	至少提前 3 周
讲座前两周	安保审批及安保人员预定	将讲座具体信息上报有关部门审批。预约现场安保人员	提前 2 周或按照单位规定
	确定讲座题目及主要内容	与主讲人一起确定题目及讲座内容。明确讲座要求及主讲人要求	提前 2 周
	制作各类宣传材料	撰写宣传稿。联系厂商制作海报、横幅、灯箱广告、宣传单等	提前 10 天
	邀请嘉宾	邀请本单位内的相关专家或领导作为嘉宾接待主讲人或主持讲座	提前 10 天确认
	邀请媒体	邀请电台、电视台、报纸、网站等媒体参加讲座，或接受来自媒体的采访申请	提前 10 天
	与合作者协调	联合组织讲座时，要提前联系合作部门负责人，调度人员和物资，协调分工。一同启动讲座实施工作	提前 2 周
讲座前一周	张贴、发布讲座宣传材料	发布第一轮讲座通知，并保证其持续可见度	提前 1 周
		发布第二轮讲座通知	提前 1 天
	准备相关设备器材	如需自行携带设备，要提前获取并测试。同时请使用设备器材的人员熟悉试用	提前 2~3 天

续表

阶段	内容	具体事项	具体操作时间
讲座前一天及当天	提醒	主讲人、嘉宾、场地负责人、安保人员等	提前1天，或当天早些时候
	主持人做好准备	梳理流程，准备主持词。熟悉应急预案	提前1天
	第二轮讲座宣传	张贴海报等	提前1天
	会场布置	门口宣传海报及资料摆放，讲台调整，设备检测等	当天
	准备物品	随身携带至会场	当天
讲座现场	会场入口组织	发票、检票、入场、座位引导	讲座现场
	宣传互动	PPT、视频、热场，听众调研	
	接待	主讲人、嘉宾，媒体等。休息、饮水等	
	设备	拷贝PPT，再次测试设备	
	讲座中的现场组织	把控现场，满足主讲人需求	
		录像录音、现场直播等	
		讲座记录	
		互动环节的组织	
	宣布讲座结束	感谢，总结，再次感谢，宣布结束	
	安全退场	引导观众有序退场	
		送主讲人及嘉宾离场	
		设备及安全检查，交接场地	
讲座之后	致谢	再次邮件正式向主讲人致谢	讲座后1天
	报道	撰写报道稿件，发稿	讲座后
	讲座记录	将本次讲座各事项记录存档	
	后续手续	讲酬、保安费、酬劳等报账	
	开发讲座衍生产品	讲座衍生产品的制作和发布利用	

第四章 图书馆讲座的品牌理念及设计

图书馆讲座不仅仅是阅读推广活动的载体，更是提升图书馆影响力的重要宣传窗口。将图书馆讲座建设成图书馆的一个有特色且识别性较强的品牌，则需要负责讲座的工作人员对品牌理念进行深刻的理解，掌握和利用视觉传达设计这一载体，拓展图书馆讲座宣传的渠道和影响力。

视觉传达设计的出现，使图书馆自身理念的表达有了一个重要的载体，它是读者认知并融入图书馆的必要条件。图书馆的讲座可通过富于艺术性和创造性的视觉设计，树立一定的品牌形象，通过传统的海报、横幅、易拉宝，“互联网+”时代下的微信、微博、移动图书馆等，及广播电台、电视台、报社等多媒体平台向读者传达自己的宗旨、目标、定位、受众、每期讲座的信息等方面的内容，达到事半功倍的宣传效果。

第一节　讲座品牌设计

一、品牌理念对讲座有怎样的影响

品牌形象是品牌传播的符码（code），是决定品牌影响因子的基本要素，开发拥有自主知识产权的知名品牌，首先必须深入研究品牌形象的创新设计方法。

理念是指一种观念、思想、意识。“理念”的英语（Mind）和德语（Idee）的含义是指与肉体相对的头脑、心（情）、精神、思想、意识、见解、愿望等。作为现代企业经营的一个术语，企业理念则是指企业的经营观念、经营思想、经营意识等。古希腊的“理念”一词（edios 或 i-dea）是由 idein（看）演化而来，原意是一个人所看见的事物的“外观”或“形象”。古希腊哲学之祖柏拉图（Plato，公元前 427—公元前 347）创立理念论将其变成一个专门的哲学术语。柏拉图所谓的“理念”是指理智的对象或理解到的东西，是对理念的客观唯心主义本体论的解释。

将讲座定位成一个品牌来运营，其举办讲座的理念是能够获得社会公众普遍认同，体现出讲座的个性特征，为促使图书馆的讲座作为一个品牌正常运营及长足发展而构建，反映每一个图书馆明确的办馆宗旨、意识的价值体系。

二、讲座品牌的视觉传达设计是什么

（一）视觉传达的原理及理念

视觉传达是指利用视觉符号来传递各种信息的设计。设计师是信息的发送者，传达对象是信息的接受者。设计师将自己的设计意图通过相应的设计手段予以实施，用视觉的方式来传达信息。这样的过程被称为视觉传达。视觉传达包括“视觉符号”和“传达”这两个基本概念。

（二）“互联网+”时代视觉传达设计与图书馆讲座

视觉传达设计是通过视觉媒介表现并传达给观众的设计，体现着时代特征和丰富的内涵。如今，数字化多媒体的出现，不断地补充着传统的视觉传达方式，扩展了视觉传达设计的表现方式，视觉传达在形式上由以往的平面化、静态化开始逐渐向动态化、立体化方向转变，从单一媒体跨越到多媒体，从二维平面延伸到三维立体空间，从传统的单一印刷设计产品转化到更多虚拟信息形象的传达。网络多媒体、数字影视、多媒体电子显示屏、多媒体互动设备等新一代的视觉传播方式正以飞速发展的趋势渗透到社会生活的各个方面，在图书馆讲座中的应用也是日益丰富。多媒体融合的视觉传达设计，使讲座的宣传更加的集中、即时、动态。日益便捷的互动交流方式，拉近了读者与图书馆的距离，增加了图书馆讲座品牌与听众的黏度。

当代视觉传达最突出的特点就是与多媒体的相互融合，以整体、统一的视觉表现向读者传达所需要发布的信息。所谓多媒体，即多种信息媒介的综合。多媒体技术不是各种信息媒介的简单复合，而是一种把文本、图形、影像、声音、视频、动画等形式的信息结合在一起，并通过计算机进行综合处理和控制，能支持完成一系列交互式操作的数字信息技术。互联网发展到今天，以计算机科学为标志的数字多媒体技术给图书馆的视觉传达和知识传播带来了新的体验，取得了更好的宣传效果。在数字多媒体技术的推动下，图书馆讲座的推广战略也开始注重多媒体融合的多种表现方式，也更加注重人性化的信息发布方式。

（三）视觉传达在图书馆讲座中的实际应用

明确讲座的定位和设计命名。首先应对图书馆讲座的风格特色、宗旨理念等基本要素进行前期调研，把握设计的基本要点，确定讲座的名称，在命名上充分考虑图书馆讲座的自身特色，突出优势；在视觉设计上应具备一定的扩展性和延续性，同时还需制订出符合要求的设计方案，充分通过视觉语言来传达出讲座的宗旨、目标等方面的内容。

（四）统一的讲座形象整体设计及包装

为讲座设计一个 LOGO（徽标）。LOGO 一般为简洁抽象的图形，应符合图书馆讲座的象征意义，紧扣讲座的定位和目标，充分传达举办讲座的宗旨理念。设计时应遵循“少即是多”的设计原则，将元素取舍得当、有机结合，设计出辨识度高、美观、简洁的讲座徽标。

确定标准色。标准色是指企业为塑造独特的企业形象而确定的某一特定的色彩或一组色彩系统，运用在所有的视觉传达设计的媒体上，通过色彩特有的知觉刺激与心理反应，以表达企业的经营理念和产品服务的特质。重点需要考虑到在不同底色上的显示，还应确定讲座标识的单色显示色调，以便在 GIF 图、视频等动态背景上应用时不受杂乱的背景颜色影响。

打造统一的与讲座相关的设备和用品中的整体形象，比如桌签、标识牌、读者证、工作牌、话筒套、信封、手提袋、笔记本、宣传册、讲座著作集等。这些业务用品是图书馆整体视觉包装中最容易被忽略的地方，往往缺乏美感和设计感，显得呆板、沉闷。应将它们纳入图书馆讲座整体视觉传达系统中，使其互相产生联系，成为和谐统一的整体。具体操作如下：在 LOGO 设计确定后，根据确定下来的标准色，利用主色调的基色进行整体设计，在相关业务用品上添加上讲座的 LOGO，配合相应的图形设计及文字编辑，以整体的图书馆讲座用品形象示人，设计出各馆讲座独特的系列业务用品。通过对各种业务用品的重新设计整合，图书馆讲座整体视觉形象设计已经渗透在各处细节中，这些细节的融合体现了讲座整体包装设计的细致与周全，向读者传达了一个完整、全面的视觉感受。图 4-1 至 4-5 是北京师范大学图书馆某场讲座一系

图 4-1　讲座海报（60 厘米×160 厘米）

图 4-2 讲座海报（60 厘米×80 厘米）

图 4-3 讲座主题画展海报（大厅展览）

图 4-4　讲座画展读者留言簿（A4）

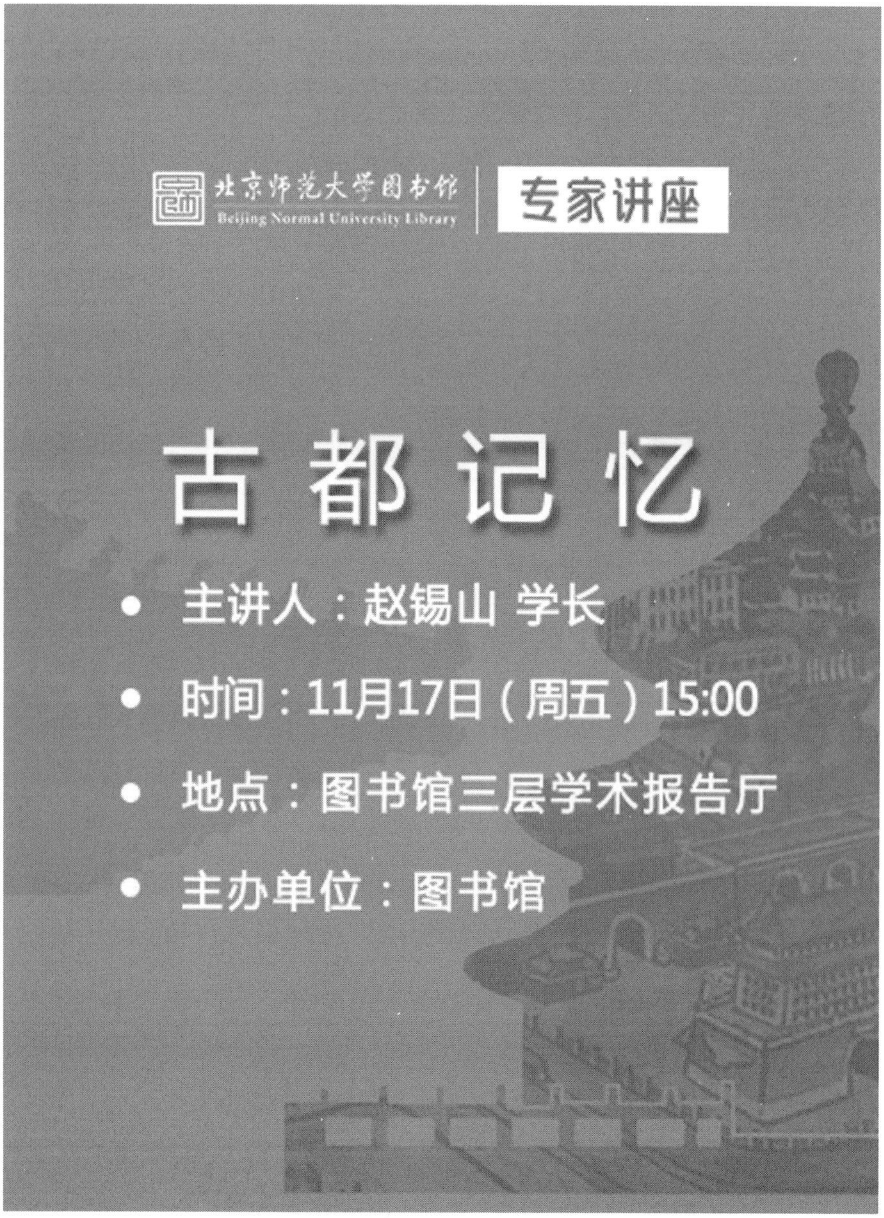

图 4-5　讲座题图（学校信息门户发布）

列宣传品的整体设计稿。包括不同尺寸和像素的海报印刷稿、用于图书馆主页新闻动态和滚动窗口的题图、发布于本馆电视屏和电子立屏的图片、讲座配套展板图和画展留言簿封面和内页设计图、校内论坛和门户发布图等。

第二节 讲座宣传品的设计

一、物料的宣传设计需要注意哪些方面

物料设计指为配合企业生产或服务的顺利进行，对物料需求事先加以分析，以计划物料的需用状况。对于图书馆领域，涉及讲座所需的常规物料设计包括 POP 字体、手提袋、海报、报纸杂志广告设计、路牌设计、单页折页设计、产品画册设计、专用陈列架设计、立牌设计、条幅设计、X 展架/易拉宝设计、形象背景设计、网站设计等。宣传单页、海报、画册等作为信息传播的载体，以精美、高档的纸张印刷出来，目的是吸引更多的读者参与讲座活动，达到宣传推广的作用。要做到这一点，通过其他特殊的载体也能发挥意想不到的效果。结合实用功能性，将讲座的 LOGO 印刷在平时常用的小物品当中，不必太贵，但相对耐用，使用周期长即可，比如漂亮的环保袋、明信片、鼠标垫、笔记本、圆珠笔、钥匙扣等，这些都是大家平常生活中经常会使用到的东西，既可以用作装饰又可满足日常需求，主要目的就是对讲座进行品牌广告的渗透，对宣传起着潜移默化的作用。

二、“互联网+”时代下的讲座宣传设计有哪些原则

随着数字化多媒体艺术的发展以及视觉传达理论的丰富，这两种艺

术形式逐渐交融在一起，成为当今社会传达信息的主流媒介。视觉传达由以往的平面化、静态化转变为多维化、动态化，以多媒体数字技术为载体的视觉传达设计更加具有视觉冲击力，吸引着人们的眼球。数字资源具有移动便捷性、交互性、可供多用户同时使用等诸多优点。

新媒体技术在图书馆讲座的宣传中可起到事半功倍的效果，不但拓展了宣传渠道，还使得 O2O（Online to Offline）模式很好地将讲座的形式更加整体和立体化。掌上可移动的图书馆大范围应用后，读者的手机及平板电脑也成为图书馆视觉整体包装的一个重要组成部分。在数字资源平台的视觉设计上，必须遵循本馆整体的视觉设计理念，具有一定的美感，能够给予读者对图书馆讲座品牌良好的视觉体验，使读者能够在短时间内获取讲座的信息，提升了信息的传播速度。

手机客户端是包括文字、图片、视频在内的各类数字化内容最佳展示平台。通过客户端更快速、便捷地向读者推送讲座的预告及事后发布的相关信息。需要注意的是，手机屏幕设计比其他设计更小，在设计客户端时更应当注意简洁，一目了然。在发布微博、微信的信息时，无论是文字的排版还是图片的选择与设计，都要使读者在第一时间浏览信息时便掌握了讲座的主题、主讲人、内容简介、时间、地点等基本信息。在新媒体技术飞速发展的时代，如何利用电子计算机、多媒体设备和网络通信技术，将信息进行处理并提供给读者，已成为图书馆界的新课题。多媒体技术的应用，除了操作便捷、界面美观、细节精致之外，更需注意的是整体上强烈的科技感和视觉冲击力。一个体现了设计感、科技感和美感的多媒体设计，才足以吸引读者的目光。

图书馆讲座网站的网页设计中，已经大量融合了视觉传达理论和设计经验，但是如何恰到好处地运用视觉传达技术，还是一个很有挑战性的课题。目前主要存在如下几个问题：视觉表达单调乏味、缺乏美感，设计架构及网页链接交互烦琐，网页视觉效果不够突出，缺乏多样性，网页内容不够丰富等，这些因素严重影响了读者的使用感受，阻碍了网页设计者与用户之间的沟通，在宣传传播上也不能达到预期的目标。

在图书馆讲座网页设计上，应该首先明确何种表现手法最合适表现设计目的，根据网页的不同类别和用户的关注点来设计，使网页的视觉效果体现出美感及多样性。与平面设计相同的是，在网页设计中也必须注意统一与变化、融合与对比、平衡与反差等视觉规律在色彩、图形、文字上的设计应用。还应注意以下几点：首先，网页的表现形式与内容必须统一有序，形式服从内容。其次，页面需要有丰富的内容，富于变化但又有整体感。这需要考虑上传的信息如何布局，既要合理统一，又要有清晰的脉络和有序的视觉效果。再次，要突出主题。在众多组成要素中突出一个清晰的主体，将之作为用户浏览时视觉的重点。经过如此设计后的讲座网页已不仅仅是一种信息传播媒介，更是一种带有功能性、实用性的艺术表现形式。有关讲座网站建设内容参见第七章。

三、讲座品牌形象整体推广的策略有哪几点

（一）平面设计的发布形式需多样化

图书馆的宣传受众是有限的，大规模的宣传活动未必实用，一般宣传对象仍以入馆读者为主。因此，图书馆可将主题鲜明的平面作品陈列在读者流动量大的区域。如今，电子屏在一定的区域内代替了传统的纸质海报，可滚动播放系列资源和信息。可以充分利用电子屏的展示优势，激起读者参与讲座活动的兴趣。

（二）平面设计与创意活动相结合，体现宣传的交互性

有时简单的视觉画面会显得过于单一，若配合实物展现能达到事半功倍的效果，也就是说，平面设计的开展要体现交互性。所谓的交互性是指图书馆与宣传受众之间可以在一定程度上进行双向交流，这在图书馆讲座宣传吸引读者参与有效传播等方面起着重要的作用。为了达到这种交互性，平面设计可与相关讲座的创意活动相结合。图书馆活动有常规性和非常规性两种：常规性活动对创意的要求并不高，只是图书馆资源向读者告知的一种模式，形式相对刻板；而非常规性的活动通过创意策划，往往能吸引大量读者的关注，获得读者对图书馆资源使用率的突破。将图书馆讲座与相关创意活动相结合，可使得读者也有参与其中的感觉，这种宣传的感知度明显提高。

（三）通过统一的视觉形象设计，打造专业的图书馆讲座形象

图书馆要给读者建立专业的文化形象，可以从统一的平面视觉设计入手，设计专属的图书馆馆标、引导标识、宣传展板、读者指南等，也可定制具有图书馆特色的个性化小物品，传达图书馆的理念和文化，获得公众的注意力并产生记忆，以具亲和力的视觉形式对外推广宣传图书馆所提供的服务。事实上，图书馆形象的建立是一个长期过程，图书馆讲座形象的宣传推广要利用一切可能的资源，来打造完善的图书馆讲座视觉识别系统，提升图书馆讲座的专业形象，吸引更多的人走近图书馆讲座、了解图书馆讲座。

目前，图书馆讲座品牌形象视觉传达设计中存在的问题：

（1）缺乏统一规划。不少图书馆视觉设计上没有整体概念，导致成品互相之间没有联系，设计风格不统一，影响整体视觉上的和谐感。

比如海报、易拉宝、微信、微博等宣传渠道应保持一致的设计风格；

（2）设计不够美观，不足以引起读者的关注和兴趣；

（3）制作不够规范，设计者的设计意图未完全传达到讲座的宣传品中，使实际效果与设计理念有所偏差。

这些问题在一定程度上影响了图书馆讲座的整体形象，在工作中应当避免这些问题的出现，充分利用设计手段为实现设计意图服务，努力将图书馆讲座塑造成一个品牌，给广大读者提供一个知识的拓展地及思维的发散地。

第三节 讲座衍生品设计及传播

讲座的衍生产品包括讲座录像、音频资料，以讲座内容加工而成的书刊资料、图片资料，专家学者的手稿、作品及有关的纪念品。衍生品使讲座传播能突破一时一地的局限，让更多的读者能通过网络视频点播、光盘播放、阅读书籍等多种方式接触讲座。国内衍生品制作比较成功的例子，可参考故宫博物院文创衍生品的设计思路。对于图书馆的讲座，通过现场录制视频、音频，通过数字化手段经过加工后，在获得主讲人授权的情况下，将视频上传至图书馆讲座相关平台供读者观看。目前，受限于讲座场数较多和人手不足的实际情况，大多数图书馆对讲座文稿、讲座书籍的整理开发都较为薄弱，大量珍贵的讲座历史资料无法得到第一时间的整理和利用。北京师范大学图书馆 2002 年曾精选部分讲座内容编辑成《著名专家学者北师大演讲集》一书，作为百年校庆的重点工作，之后因种种原因，未能继续编辑整理工作。在这一方面可借鉴上海图书馆编辑出版的讲座丛书、山西省图书馆的讲座精选集等。如图 4-6 至 4-8。

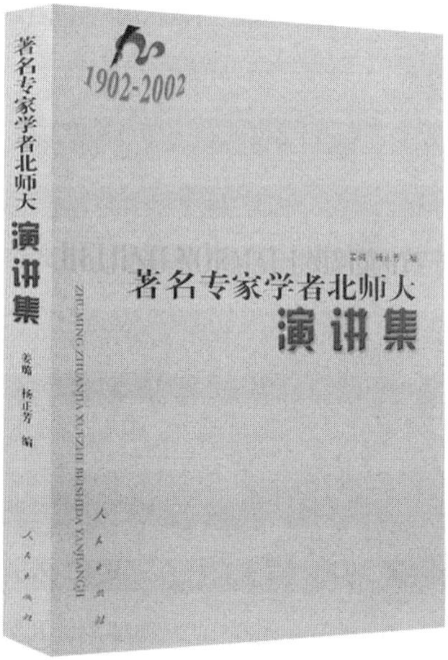

图 4-6　北京师范大学《著名专家学者北师大演讲集》

图 4-7　山西省图书馆“文源讲坛”讲座精选集

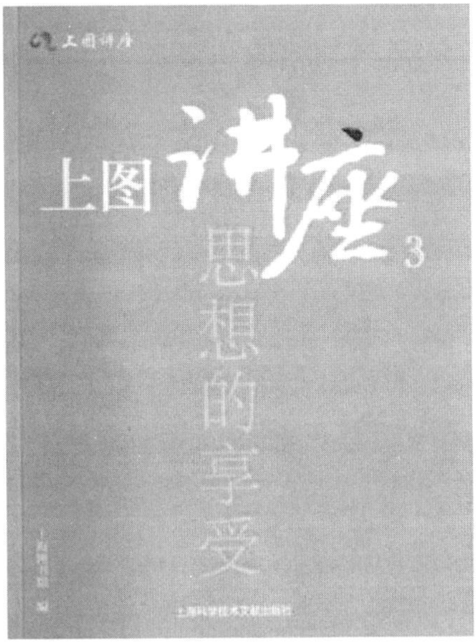

图 4-8　上海图书馆讲座丛书

第四节　讲座宣传设计技巧

图书馆讲座是一种传播先进文化、发挥图书馆社会教育职能的重要手段，也是图书馆吸引读者、积聚人气的重要方式。随着各地图书馆场地扩大和服务多元化，讲座正在图书馆服务中发挥越来越大的作用。一场成功讲座的举办，离不开恰当的选题、优秀的讲师、有效的宣传和积极的反馈。其中讲座宣传能扩大图书馆讲座的知名度，提高讲座的参与人数，并树立和打造图书馆品牌形象，是讲座品牌的有机组成部分。

一、讲座宣传的方式与渠道有哪些

（一）讲座前期及现场宣传

1. 宣传品制作

图书馆讲座的宣传品一般包括条幅、海报、宣传单、易拉宝以及相应的文化创意产品等。宣传品的选择主要考虑目标读者群的特点及经费情况。图书馆讲座的自我推广，利用图书馆刊物宣传图书馆，定时推出讲座预告，推动图书馆讲座的网络宣传。图书馆可以在本馆网站首页上预告下次讲座的信息，并在图书馆门口张贴讲座活动大幅海报，印制讲座活动单放在阅览区供读者取阅。这些公告定时、持续，较为醒目，使本馆读者在利用图书馆的同时能方便地获取讲座信息。

2. 本馆和馆外宣传

本馆宣传指图书馆对那些到馆用户进行的宣传。这里的到馆用户有两层含义：一是指到实体图书馆的用户，二是指访问图书馆网站的用户。对这些用户的宣传主要包括 LED 显示屏等几种方式。现在很多图书馆都在门口装有 LED 显示屏，可以滚动显示讲座的时间、主讲人、主题、讲座内容简介及地点等；在咨询台或者入口处放置宣传单；相关阅览室门口放置宣传单；在图书馆网站上进行宣传；通过图书馆的微博、微信等新媒体进行宣传；每场讲座之前的候场时间或者是讲座之后的离场时间都可在屏幕上提前预告下一期讲座的基本信息，充分利用讲座宣传讲座本身。馆外宣传也很重要，由于很多读者不常使用图书馆或者访问图书馆的网站，因此需要针对图书馆讲座的主题内容有针对性地面向相应读者群进行宣传。比如，如果是高校，那么就需要在大学生生活、学习的人员密集场所进行张贴大幅海报或发放传单进行宣传。

（二）媒体宣传

主要是利用报纸、广播、电视等媒体进行宣传。多数讲座一般利用传统媒体做实施后的宣传，也有些图书馆利用媒体进行讲座实施前的宣传。

（三）讲座实施后的宣传

图书馆讲座在实施后一般需进行相应报道。宣传渠道上，可通过报纸、网络和电视等媒体宣传讲座。现代信息社会的发展使网民成为一个庞大的受众群体，网络在时效性、透明度、互动性方面具有其他媒体所不具备的优势。高校图书馆可以将报道提交到图书馆网站、学校网站、校报、校电视台、校广播电台、学生论坛及图书馆专业群、微信公众号、官方微博等。

每场讲座后，组织者都应该在图书馆网站发布讲座活动的相关简讯，报道讲座活动的效果，并对系列讲座进行推介。也可与社会媒体合作，通过本地报纸宣传图书馆讲座。报纸宣传是一种覆盖面广、时效性高的宣传方式，通过报纸宣传，能及时发布讲座信息，还可对重点讲座进行后续报道，对系列讲座进行专题报道。

（四）讲座的反馈

一场优秀讲座的宣传，不仅包括事前的预告和现场的多维传播，也包含讲座结束后对读者意见反馈的收集和整理，从而使工作人员能站在读者的角度上反思讲座工作，检验宣传效果。图书馆可以在每场讲座结束后，请现场观众填写意见反馈和建议。意见反馈作为讲座工作流程中的一部分，应当逐步实现规范化、常态化收集，各方能充分交换意见。多数图书馆缺乏对讲座的深入回顾发掘，以及缺乏媒体对重要讲座的事后报道。

（五）深化讲座宣传

图书馆讲座宣传在广度和速度上已经做了大量努力，但发布最多的是讲座预告，缺乏对讲座内容、主讲经历和读者感受的深入发掘。究其原因，其一是除名家讲座外，现有的单场讲座含金量和影响力都有限，无法单独报道；其二是现在除专刊外，较少在期刊上进行讲座宣传。应在讲座品牌下创办具有地方特色和历史沉淀的讲座系列和子品牌，找到与本土媒体的共同宣传点；其次在策划讲座时强调系列化或作为某一文化活动的组成部分，与活动主题相匹配，进一步凸显讲座影响；再次可以在馆刊上开设讲座专栏，发表讲座文稿、读者心得等，或选取讲座中的精品部分结集推出。

二、视觉传达设计在讲座中应用的小技巧有哪些

平面设计具有艺术性和专业性，以视觉作为沟通的平面化艺术表现形式，包括图形、文字、色彩三大构成要素，这三个要素缺一不可。优秀的图书馆平面设计是将这三大要素根据图书馆宣传项目的实际情况和要求进行个性化设计的完美组合，以发挥宣传的最大效用。此外，所有宣传项目的开展都要按照一定的流程进行，图书馆讲座平面设计宣传也不例外，其流程是：确定宣传文案及宣传方式（不同宣传平台的尺寸都不同）——根据文案搜集资料及图片素材——进行创意设计（图形及文字排版）——设计初稿——校对——印制——交由相应平台发布。

图书馆平面设计的图形、文字、色彩运用技巧。丰富主画面内容，吸引读者关注。图形具备极强的视觉吸引力，不仅能向受众者传达信息，也能使平面设计作品更具有内涵和美观性，同时能引发读者共鸣。传统模式的平面设计，最先吸引读者的一般是主画面内容，画面选择上要注意贴合宣传主题及展现图书馆文化，画面需清晰且分辨率高，可以选择自己的摄影作品及高清图片，必要时可结合图形，图形比具象的图片更有想象空间，这也是宣传推广平面设计的重要因素之一。

文字编排主次分明，易于读者获取宣传信息。文字元素是平面设计的基础，是对传播诉求的说明与注解。在平面传播媒体中，文字设计和组合的好坏都将直接影响版面的视觉传达效果。设计者需要在前期调研阶段了解和整合所有文字信息，明确宣传诉求，使文字编排精简到位，目标受众易于理解宣传信息。尤其是标题文字、正文内容不宜过多，标题统领整个画面和正文，应精简醒目，排版在画面的最佳视域中，并运用视觉引导，使读者视线顺接转到正文，其目的是能够更好地吸引读者的关注。

运用简洁明快的色彩展现平面设计主题。色调是最能直观体现整个画面氛围的要素之一，色彩的选择要错落有致，不能过于单一，要使整个色彩格调贴合平面设计的主题，配色上要注意冷暖色调运用、色彩面积大小、对比度搭配等方面。除了用微信宣传活动外，每期都要制作易拉宝、海报。海报中的图片一般应选择主讲人提供的相关照片，使宣传海报更具说服力。同时，在文字编排上，主标题要鲜明突出，活动信息一目了然；色彩上以明快的颜色为主，贴合主题氛围，使画面更具表现力，激发读者参与活动的兴趣。

在图书馆讲座的设计中，还应当注意视觉传达设计中的规范和处理

细节的技巧。讲座平面设计的完稿步骤如下

设计之前要明确尺寸，核定尺寸，精确尺寸。非常规尺寸，如印刷品，要适当考虑成本。工艺及纸张有特殊要求的，主动向印刷公司请教，避免定稿后因设计原因无法制作，也显得宣传工作不专业。

设计的时候，一定要阅读文案。所有的设计都是围绕文案的，了解讲座信息，确定主讲人提供的设计资料是否完整。还应当提高对每场讲座主题的理解力。

在文字排版上，段落一定要分栏，字距紧凑，行距一般留一个字的距离。在设计讲座海报及画册当中，大标题往往是设计中着力表现的字体。包括段落标题，可以根据字数长短确定。标题太长，可以分成两行或者三行。标题可以通过一粗一细，或者颜色，或者加斜杠来断句。正文字号的大小要设想一下读者阅读的距离，同时兼顾读者的阅读习惯、海报容纳的信息量和海报整体美观程度，还要融入机构信息（如图书馆名称、LOGO、公众号二维码）等。在做设计时，不应该因为设计的尺寸大小而改变字体。文字不分栏、文字压图在设计上都是极不专业的表现，这样会造成读者的阅读困难，应当尽量避免。

在具体设计一场讲座海报的时候。一定时刻注意图书馆的 VI（Visual Identity，即视觉识别系统）规范。设计者首先要根据图书馆 VI 规范和图书馆讲座的 VI 来设计。任何品牌 VI 规范一般有标准字体，还有辅助字体。不同的海报及画册主题在设计的时候，选择与之和谐气质的字体。英文美化要慎重。欧式字体、商务字体、英文字体的选择一定要慎重，尽量选择简约大方、优雅、庄重的字体。花哨字体很影响读者的阅读，尤其是正文，尽量不要横排与竖排混排。对于文字压图，是极不规范、极不专业的操作。在设计分页阶段，表现文字结构的，尽量选择同一款字体的粗细变化。比如：细黑、黑体、中黑、超粗黑。通过文字的大小、粗细，来表达讲座海报中段落之间的结构，达到一目了然的效果。

无论是海报、易拉宝、电子屏，整体画面的颜色都不宜过多。主色首先考虑企业色，其次行业色，再次产品色。主色可以是一个颜色，或者一个色系。画面中，尽量减少使用红绿、黄紫、蓝橙的补色对比色。配色在运用中是比较灵活的，也是最难掌握的。设计遵循六三一这个比例，可以帮助我们理解配色的规范，选用比较保守的配色规则。在设计当中，页面底色少用渐变，可用色块，可以用底纹。颜色并不是越多越好。相反，越少越好。也可以参考国外图书馆在宣传设计中的配色。我们在设计的颜色当中，尽量用印刷使用的四种颜色 CMYK（青色 Cyan，洋红色 Magenta，黄色 Yellow，黑色 blacK）。

图片的规范。除了客户提供的图片，我们需要根据文案做形象画面和辅助元素的时候，可以从文案大的关键字，行业大的关键字，再到产品所倡导的理念来缩小选图和合成图的范围。设计中如果发现主讲人提供的照片质量不好的时候一定要告知对方。图片色彩模式一定要设定 CMYK，尤其是深蓝色及一些深色的图片。这里需要强调的是，文稿中 PSD 图片尽量不要旋转，本身比较大的图片避免过多缩小，尤其是用形状工具去裁图。文字尽量不要在图片上置入。在交稿给印刷厂的时候，一定要标明工艺要求和印刷数量，甚至是时间。对于需要安装的设计稿一定要留边距，要比平常设计留大一些，尤其是压边的，比如 X 型易拉宝的四个角上面因为安装需要都必须打孔，那么在设计时就需要考虑到四个孔的位置不要放重要的宣传信息。在图书馆讲座整个视觉传达的设计中，看似简单的设计作品，背后其实有很多的设计规范需要注意。

第五章
图书馆讲座团队与协作

第一节 讲座团队的构成

进入 21 世纪，在“互联网+”环境下，图书馆已经不能再单纯地被定义为传统印象中的图书中心，而是广义的信息资源中心和公共活动场所。各馆在充分利用丰富的馆藏资源、舒适的阅读空间以及广泛的文化辐射作用的基础上，搭建起信息交流平台，拓展讲座形式，延伸服务内涵。据统计 2017 年全国文化机构共举办公益讲座 3.44 万次，比上一年度增长 1.6%；服务 562 万人次，比上一年度增长 7.7%。图书馆讲座工作数量的持续增长也直接影响着图书馆讲座工作人员岗位设置、工作机制建设的变化。虽然各馆具体情况不同，总体上看图书馆讲座工作人员从无到有，从单兵作战到逐步设立团队、成立独立部门，队伍在不断地壮大。公共图书馆目前大多都设置专门机构，成员分工明确，由独立讲座团队负责讲座工作。高校图书馆由于业务安排、人员紧张等原因，目前仍多以馆员兼职负责的模式开展工作。

一、讲座团队构成模式有几种

（一）公共图书馆讲座团队

1. 单一任务型讲座工作独立团队

公共图书馆举办公益讲座从最初的创新性服务到现在的常规性工作，讲座活动经历了一个基于雏形理念到实践发展成熟的过程。例如，上海图书馆讲座中心有 8 人团队以举办大型宏观信息讲座和科技文化教育专题讲座为主要工作，提供讲座咨询、讲座丛书及其他讲座配套服务。国家图书馆在多部门中设置了专职讲座工作组，包括立法决策服务的部级领导干部历史文化讲座服务组、社会教育部下设的讲座组以及古籍馆的经典文化推广组，分别负责不同讲座系列。根据国家图书馆 2017 年年鉴统计，2016 年“国图讲坛”共举办各系列讲座 167 场，国家典籍博物馆配合展览举办讲座 33 场，此外还有“文津经典诵读”“国家图书馆公开课”等线上线下活动。可见一个独立、稳定、专业化的团队是图书馆讲座数量与质量的保障。深圳图书馆自 2014 年 11 月成立阅读推广部至今，专职工作人员 8 人，负责全馆阅读推广活动的整体策划、组织及实施，此外还在跨部门活动中设立联络员制度。

2. 复合任务型讲座工作独立团队

愈加开放的图书馆交流环境促进了知识的交流，图书馆不再只是“书”的场所，而是“人”的场所。近年图书馆通过广泛开展讲座、展览、沙龙等各项活动，发挥了图书馆在信息传播、共享方面的作用。图书馆读者活动呈现多元化，一些图书馆的讲座工作也是由肩负多项活动开发任务的团队来承担，讲座业务只是其中一项职责。例如，厦门图书馆活动部承担各类型读书活动的组织、指导和管理，并承担美术宣传、展览、各类教育培训以及其他社会教育活动。南京图书馆社会工作部负责讲座、展览、培训、社会活动，对外承接会议、展览及各类活动等。宁波市图书馆宣教部的部分工作职责为负责讲座、展览工作及读书活动工作。

3. 馆内多部门合作团队

暂时还不具备条件设立开展讲座工作独立部门的图书馆，多采用多部门分工合作的方式开展工作。如佛山市图书馆阅读推广部，负责全馆（包括分馆）文化活动的策划与组织，开展各类阅读推广与文化交流项目、各类公益展览、培训。其宣传推广部负责全馆各类活动宣传推介及本馆公共形象的推广活动，包括负责微信、微博、官网等媒体平台的管理、运营，负责馆内 LED 屏、电视屏、触摸屏、海报板等各类展示终端的内容策划和管理，还负责与馆外各类型媒体联络、合作，负责美工设计、视频制作，以及音视频素材的管理与二次产品的开发。可见在佛山市图书馆中讲座的策划组织工作与宣传推广、二次开发工作，是较为清晰地归属于两个不同的业务部门中。

一些公共图书馆在机构设置中对讲座工作团队的职责做出了较为详细的描述。如安徽省图书馆社会教育部主要承担本馆社会教育职能，工作相关职责包括：负责各类公益讲座、展览策划，配合节庆、纪念日开展各种形式的阅读推广活动；负责联系专家、学者，组建并维护讲座专家队伍；负责组织开展全省公共图书馆联盟及湘浙赣皖四省联盟的讲座、展览有关工作；创建并维护本部门特色服务品牌。

从馆员承担的日益丰富、多变的职责中，我们可以看到，随着科学和数字技术发展，在读者对图书馆建筑功能和空间的需求日趋多元化的趋势下，图书馆作为公众文化活动的承载，肩负着精神空间再造的重要使命。这对负责读者活动工作的馆员们提出了越来越高的要求，馆员身兼活动策划人、讲座策划人、艺术策展人等多种职能，新时期对不同类型文化推广、策划人员的需求，是图书馆人力资源建设需要考虑的新问题。

（二）高校图书馆讲座团队

在高校图书馆中，有一批多年持续开展并保持高质量水准的讲座品牌，如前面几章提到的北京师范大学图书馆的“专家讲座”、武汉大学图书馆的“文华讲坛”、南京师范大学图书馆的“敬文讲坛”、同济大学图书馆的“闻学讲堂系列”、北京大学图书馆的“大雅讲堂系列”和“北大读书讲座”、浙江大学图书馆的“寻找失落的文明系列讲座”等。高校图书馆虽然有依托高校专家学者资源的便利，但是与公共图书馆相比，在工作团队人员配备方面整体显得不够充足。虽然各高校图书馆开启讲座工作的时间不同，但在各馆工作人员的工作体会中，都不约而同地提出了加强队伍建设的建议。高校图书馆的讲座工作基本都是采取馆内多部门合作、具有双重命令系统的矩阵管理型团队结构。团队成员来自可能涉及的图书馆各业务部门，平时团队成员仍以所在部门业务为中心工作，在阅读推广月或有阅读推广项目需要实施时，则同时兼顾两个工作。由于项目的存在，使得原来分散在各个职能部门的人员和资源得以围绕特定的项目活动整合起来，各部门协同合作，发挥了聚合效应。具体归纳为以下三种模式：

1. 多人兼岗模式

根据高校图书馆业务工作规划，讲座工作一般并不是重点业务，大多数高校馆开展讲座工作之初，都采用多位馆员兼职的方式组建团队。如北师大图书馆“专家讲座”从 2004 年起，在参考咨询部不断培养年轻馆员参与讲座业务，并建立起多人兼岗的业务梯队灵活模式。但是也因人员流动及每个人兼职从事讲座工作等原因，使得业务的深化开展面临困难。2016 年底，随着该馆讲座业务的发展和阅读推广工作的深化，讲座业务转至文献借阅部阅读推广组，逐渐过渡为专岗加兼岗的运营模式。

2. 专人专岗模式

这种模式下，需要由一位或多位馆员专岗专职负责讲座活动。如浙江大学图书馆在读者服务部门设立了文化建设岗位，专人专职，岗位直接与读者对接。制度的建立一方面可对工作机制不断梳理和创新，另一方面也是对馆员的文化自觉形成内在激励，而馆员自身的文化素养水平的加强对学生的德育、美育导向也将起到积极的作用。

3. 专岗加兼岗模式

重庆师范大学图书馆“三春湖讲坛”服务团队成员中的核心成员，是选取咨询部中一位综合素质较高的馆员，由其作为专职工作人员，负责“三春湖讲坛”的组织策划，以及包括联络专家、担任主持、设计制作宣传品、维护现场秩序、完成新闻稿和进行总结等整个讲座流程在内的具体工作。咨询部其他工作人员是兼职，根据具体讲座场次的需要配合讲坛的前期宣传，后期信息的反馈等环节。专兼职人员各有分工、相互配合，团结协作。

以上三种模式各有利弊：多人兼职模式，比较适合于初建讲座业务之时，可以快速动员全馆力量，组建团队、群策群力、开展新业务工作，但是其缺点也较为明显，在所有团队成员兼职的情况下，工作人员的时间和精力难以保证，团队稳定性、协同性较弱，继而会影响讲座的持续发展。专人专职模式，有利于讲座质量控制与统一规划，但是这种模式不光要求馆员能够独当一面，而且要能够十八般武艺样样精通，熟练应对讲座中从策划、主持到资源开发的众多环节，对馆员综合素质、学习能力的要求无疑是很高的。相邻场次讲座的筹备周期通常是有交叠的，专职馆员在策划组织方面的压力较大，流程环节又较多，常常会分身乏术。专职加兼职模式，其核心成员专职化，负责组织协调、控制进度、推进工作，既保证了团队一定程度的稳定性，也可以广泛地召集各有所长的馆员加入团队，承担部分工作、贡献力量。这种模式对专职人员的协调组织能力要求最高，也可以较好地分担专职人员的焦虑，同时根据阶段性工作需求，灵活吸收成员，使得在讲座策划创意、宣传推广文案、技术创新等各方面都易获得新鲜血液的补充。

高校图书馆不断在探索开展多样化的文化活动，双创空间、读书会、真人图书馆、民俗学堂、传统文化宣传、艺术展览等读者服务活动百花齐放。是否能单独为讲座工作建立一个分工齐全的团队，还得视各馆具体情况而定。在这种情况下，建立一人专岗、多人兼岗的活动团队可能是一种较具操作性的工作模式。

二、如何开发志愿者资源

无论是公共图书馆还是高校图书馆，目前讲座工作体量不断加大、受众不断增多，相形之下专、兼职的工作人员总是显得缺乏。全国的省级公共图书馆除了有专门的社教部、推广部之外，还普遍开展志愿者服务项目。上海图书馆、湖南图书馆、海南图书馆、南京图书馆、陕西图书馆、重庆图书馆、广西图书馆等多馆已面向社会公开招募志愿者。通过制定管理规定，培训上岗，招募各行各业、各年龄层的志愿者加入除选题策划等核心环节外的适当的工作流程中来，成为补充人员的有益途径。当前文化志愿服务者已经在图书馆日常管理、图书整理、读者咨询与导读、文明督导、读者活动组织、为残障读者服务等多方面工作中提供服务。图书馆讲座现场有很多工作，如检票、秩序维持、入场指引、互动环节递话筒等，都需要专人跟踪落实，可以寻求志愿者的支持。

志愿者来源非常广泛，重庆图书馆志愿者协会现有高校志愿者服务基地 6 所，寒暑假社会实践服务基地 1 所，现在中小学生、高校大学生、专家教授学者、外籍志愿者等 1 000 余人。志愿者服务热情高，服务累计时间长。广东省立中山图书馆“中图之友”志愿者讲座服务队参与服务的讲座已超过 200 场。有一位志愿者自 2015 年 10 月加入“中图之友”志愿者讲座服务队以来，大约参加过 50 次“中山讲堂”讲座志愿服务。志愿者们感到讲座服务工作不但能帮助读者，协助讲座的顺利开展，还能在服务中提升自身的文化修养。志愿服务从较为简单的现场秩序维护类工作内容，向更有技术含量的重要工作环节延伸。上海图书馆志愿者参与到“上图讲座”的各场活动中，承担讲座通讯员、会场管理、双语主持人、现场摄影等工作，志愿者根据专业所长，深度参与到讲座工作的各个环节中。大量志愿者参与图书馆讲座工作，在树立了良好的公益志愿文化形象的同时，也将志愿者服务内化为讲座品牌形象的一部分，不断扩大图书馆讲座服务的公益品牌效应。

此外，TED 推出的 TEDx 项目也值得借鉴。TED（指 technology，entertainment，design 在英语中的缩写，即技术、娱乐、设计）是美国的一家私有非营利机构，该机构以它组织的 TED 大会著称，这个会议的宗旨是“传播一切值得传播的创意”。TEDx，是指那些由本地 TED 粉丝自愿发起、组织，通过邀请当地演讲人进行现场演讲、共同观看 TED

演讲视频，就一些问题进行深入的交流和讨论。主题的多样性是关键，以创意为重点，涵盖广泛的主题，以促进学习并激发重对话。它的目的是为那些不经常拥有一个平台的人提供一个平台。“x”即是独立组织的 TED 活动之意，组织者根据 TED 授予的免费许可独立组织，并遵守 TEDx 规则和指南。TED 会给 TEDx 活动提供建议和支持，但是这些活动完全是由粉丝志愿者自行组织。

讲座选题策划是讲座组织工作的核心环节，听众是否来听讲座，选题起着关键性的作用。通常图书馆讲座工作人员会通过线上、线下发放调查问卷的方式获取听众反馈意见，了解听众喜欢听什么，以补充工作人员的策划选题。既然是听众最了解听众想听什么，那么，是否可以不仅仅是止步于搜集听众推荐的专家名单和选题建议，而是让听众深度参与到讲座的策划环节中呢？将以图书馆工作人员起主导作用的常规策划方式，转换为以听众策划为主导的方式呢？图书馆讲座活动也可以打开一个这样的平台、制定相应的规则，由图书馆进行整体把控和指导，邀请有资源、有能力、有精力的听众主导相关主题讲座的策划、联络工作，由图书馆负责海报设计、线上报名、现场组织等其他事务性工作。这种“图书馆 X”的方式可以较好地激发听众参与的热情、扩展策划渠道，特别是对于基层公共图书馆和高校图书馆，还可以有力地驱动社群网络，是一种值得尝试与探索的新型合作方式。如上海海事大学图书馆“海大人文”与各学院学生社团合作，采用“教师指导 + 学生自治”模式，使学生全程参与活动的策划、组织、实施、总结和反馈。学生不仅是活动的创意源泉，同时更加了解自身文化需求，进而能提供更贴切的服务方式和更好的服务内容。

三、怎样做好讲座团队管理

讲座活动作为图书馆富有活力的一项业务，人才队伍是图书馆讲座工作可持续发展的重要保障。工作机制和团队建设的问题，一直是制约图书馆讲座稳定开展的重要因素。在建立专业化讲座工作团队方面，现在业界已经达成了基本共识，各馆可因地制宜地设立专门讲座工作部门、建立专门的讲座工作机制。在管理具有一定数量规模、稳定且灵活的讲座团队方面，要创新管理模式并重视制度建设。

（一）创新团队管理方式

文化项目管理是进行文化管理的重要手段。图书馆讲座管理团队目前多为扁平化的团队形式，组织结构较为松散，管理方式以日常行政化管理手段为主。项目管理作为一项成熟的管理学理论，可以引入到图书馆讲座团队的管理工作中。

项目管理是指运用各种相关技能、方法与工具，为满足或超越项目有关各方对项目的要求与期望，所开展的各种计划、组织、领导、控制、评价等方面的活动，以实现项目的目标。国内外图书馆界已经将项目管理理念广泛应用于包括数字图书馆建设、读者服务等各项业务中，在讲座工作中的应用也有实例可循，如广西壮族自治区图书馆在“八桂讲坛”开立之初便引入项目管理方式。现阶段高校图书馆阅读推广工作作为新型服务，在实践中需要优化图书馆现有的组织结构。高校阅读推广工作人员认为，统筹安排好高校图书馆日常职能工作与阅读推广活动，调节两者之间的矛盾，组建高效阅读推广团队，运用项目管理的方法指导高校阅读推广团队的建设是解决这一问题的出路。图书馆讲座团队的组织结构与其有着极为类似的情况，可以将项目管理要素积极应用，以管理讲座工作中的人、财、物，并贯穿于流程管理和结果评价中。图书馆讲座团队需要吸收各学科的新理念、新方法，选择适合的团队管理模式。

（二）持续开展工作团队的规范化建设

图书馆讲座活动面向社会公众，讲座工作各环节的社会化程度也较高，讲座活动的好坏直接关系着图书馆的整体形象。做出尽量充足的制度框架安排，为工作人员、听众分别制定工作职责、行为规范，可以规范指引讲座活动，使得工作有序进行，提高管理效率。如首都图书馆相继制定了《首都图书馆读者活动举办守则》《宣传策划部读者活动管理规定》《宣传策划部读者服务规定》等规范制度，为馆内讲座工作提供了制度保障。

讲座工作涉及众多流程，事务涉及领域广，事无巨细，对工作流程进行说明，制定实施细则，可以为业务的持续发展打下牢固的基础。讲座工作实践性强，及时归纳工作情况，通过文字性记载总结经验性的工作方法，对增加工作可操作性，指导日常工作有着重要的指导作用。北京师范大学图书馆"专家讲座"的多位工作人员，依照承接讲座工作的先后顺序，从2005年撰写首份《专家讲座工作手册》以来，一直根据工作环境变迁情况，持续更新该手册。在讲座工作人员的多次更替中，"武林秘籍"般的工作手册对讲座经验的传承、工作交接的顺利进行发挥着承前启后的作用。

此外，讲座活动备用方案、讲座现场突发事件应急方案、讲座财务管理工作注意事项、讲座协议标准化合同等文件也都需要纳入讲座业务制度建设工作清单。

第二节 讲座团队角色分工

图书馆要建立一个可持续的讲座品牌，必须要建立起良好的组织结构，更要有一支具有开拓精神、合作精神、综合素质能力较强的个体组成的团队。团队是指由一些知识或技能互补、彼此承诺协作完成一项共同目标或一系列绩效目标的成员组成的特殊群体。成员都负有共同的责任，但承担着不同的角色。团队不同于群体。工作群体的绩效只是个体绩效的总和，而团队的任务必须每个成员共同努力、积极协同才能完成，其绩效大于个体绩效的总和。在实际工作中，讲座团队的主力干将通常既能以一技之长完成独当一面之大任，又能游刃有余地将文武双全之技艺用于身兼数职之地，负责讲座多个环节工作或是协助多任务齐头并进。此外，面对微博、微信、直播、抖音、今日头条等层出不穷的新媒体、新技术，讲座人还要时刻准备着提高技能，升级“打怪”。

图书馆讲座活动不断推陈出新，精进不休，在千变万化的讲座活动中，讲座工作的核心环节与日常业务的共性是不变的。讲座工作有着系统性、复杂性的特点。在第三章中，根据讲座流程讲述了组织者在每个阶段的职责和注意事项，本节从讲座团队分工的角度将人员细化为以下不同“角色”。

一、统筹协调员的角色定位是什么

讲座工作历时周期较长，环环紧扣，团队工作人员常肩负多重工作职责，跨部门联动、合作是常态，需要一位核心工作人员进行统筹管理，有效调动资源。团队的主要负责人，负责整体规划、资源整合、流程优化。具体职责包括：

（一）人力资源管理

分配工作，调配团队，协调任务，明确职责。

（二）时间进度管理

负责每场讲座活动从筹备到讲座结束的全过程，在各时间节点监督项目的进展，及时发现问题，解决问题，了解管理过程中的难点，及时调整项目计划。

（三）沟通管理

为确保工作的信息得到合理收集和顺畅传输建立有效沟通平台与机制，如利用微信群、QQ 群、钉钉等建立工作交流群，使用在线协作文档制订整体工作方案等，方便及时通报工作进度、解决存在的问题等。

（四）其他综合事务管理

协调处理涉外事务，应对突发情况，负责总结反馈，更新规章制度，兼理财务事宜等。

二、选题策划人的角色职责是什么

策划如交响乐队中的定音鼓，策划人员是讲座发展的布局谋篇人，通过对主题与形式的整体规划，使讲座活动神形兼备。

策划人在讲座主题上，要兼顾考虑原有定位的延续与新主题的开辟，并阶段性的适时调整；综合考虑策划主题与讲座品牌定位的匹配度，比如某个一直走高端前沿学术路线的讲座品牌，就不宜突然另辟蹊径地开展一场老年养生为内容的讲座；持续了解观众群体的喜好，图书馆主页、微信公众号等媒介上的读者留言、点赞、咨询、在线调查问卷、到场读者数量等客观数据的搜集、分析了解读者需求的重点来源；时刻保持对时事政治、文化热点、学科前沿等各领域的敏锐度。策划人通过一定时间工作经验的积累，总结筛选出获取讲座信息的优质渠道以及需要重点关注的机构和讲座品牌，基本做到可以同步了解以上资讯发布情况，对近期讲座主题及相关主讲人等情况可以了然于心；由于讲座策划具有提前周期，策划人在了解当前高关注度主题的基础上，还能预见未来一段时间内的热点所在。确定主题后，在讲座主讲人的选取中，首先要尽可能广泛搜集举办过相关主题的主讲人信息，并了解其研究方向、研究成果、主要学术观点等。条件具备的话，还可以通过相关讲座官网或其他商业视频网站，收听、收看主讲人的讲座，了解其现场风格。初步确定 1~3 位适合预选主题的主讲人，能否获得专家的联系方式、专家意愿、日程安排等因素都具有一定的不确定性。

讲座形式上，保持整体风格一致，并随时移势迁，不断创新融合，丰富活动形式。积极融入嘉宾主持、对谈、讨论现场等形式，把同主题展览、视频、小型演奏、表演、知识问答等活动或互动环节多方位引入，以配合讲座主题的立体展现。另外在技术条件和人员具备的情况下，运用在线直播、微博直播、微信直播、抖音等新媒体传播手段。

三、外联人员角色的主要职责有哪些

外联人员负责整合馆内外一切资源，努力营造良好的外部环境。外联人员应当是具有公关意识和素养的图书馆员，在平时的工作中注重经营好与图书馆相关联的社会关系，做好图书馆的形象代言。在讲座活动中涉及大量的联络工作，需要与政府机构、高校科研单位、文化机构、公司企业等联络以及确定合作事宜；需要与政府官网、教育文化类行业协会媒体、商业媒体、本地媒体、兄弟馆（兄弟院校）公众号等多种类型的媒体联络以扩大宣传效果。高校图书馆还涉及在讲座审批、场地预约、宣传发布渠道、外媒联络、安保协助等多个环节需要联系校内职能部门。在选择、扩大外联目标时，馆员可以通过在网络中检索，自主筛选合作对象，为了吸引更多的社会合作，讲座团队也可在图书馆官网、官微中长期征集合作者，包括讲座合办单位、新闻媒体、志愿者等。

负责公共关系维护的人员，首先要加强学习包括电话礼仪、邮件礼仪、仪表礼仪、会面礼仪、谈吐礼仪等在内的社交礼仪，以具备基本素质和交际能力，遵循人际交往行为规范和惯用形式开展外联工作。外联人员具备良好的社交能力，才能更好地沟通业务渠道，取得合作单位、其他业务部门的支持与帮助。其次，对于已建立起的联络单位，要主动了解对方业务运转流程，准确记录与更新联系人、联系方式、文件传输方式等信息，以便关系维护与业务联络，避免遗忘误事。

四、宣传人员角色要承担哪些任务

在全媒体时代，网络媒体与传统媒体全面互补互融。随着大众审美力的提升以及网络的发展，宣传途径的增多不光在客观上要求讲座宣传人员制作出更多适合各口径的宣传作品，竞争激烈的媒体环境和高素质的读者对讲座活动宣传图文的品质也提出了更高的要求。在酒香也怕巷子深的年代，图书馆需要制作完备的宣传方案，充分利用线上线下、馆内馆外的一切途径对讲座宣传大造声势。负责宣传的人员通过图书馆主页、官方微博、官方微信、日报、区域性媒体、校内其他单位媒体、论坛、馆内电子屏、数字电视、PPT 预告、易拉宝、海报、宣传册等方式大量投放讲座宣传预告。讲座信息在“全媒体”平台会有各种纷繁的表现形式，同时也根据不同个体受众的个性化需求以及信息表现的侧重点来对采用的媒体形式进行取舍和调整。这要求宣传推广人员针对同一场讲座设计出一整套不同规格的组合外宣产品以适应渠道的需求。

讲座海报是宣传推广中的一项重要视觉作品，一张设计得宜、内容与图案交相辉映的海报往往会让人目光流连，心驰神往，有着极佳的视觉传达功能。每张讲座海报的构图、线条、字体、图案、素材都值得反复打磨。

新媒体运营已成为宣传人员需要掌握的基本功。讲座活动宣传的最重要阵地已经转移到了图书馆微信公众号上，从讲座预告、讲座预约、讲座咨询、现场互动、讲座评论、会员组织、在线调查各个环节都深度依赖微信平台。宣传人员要能够熟练运用编辑微信、制作在线问卷、开发报名程序、后台回复粉丝，甚至是微信直播等从初级到高级的一系列技能。

五、接待人员角色如何尽善尽美

接待工作体现着图书馆的管理水平、馆员素质。接待人员本着诚恳热情、细致周到、讲究礼仪、行为有度的原则，为主讲人等来宾提供高效、优质的接待服务，对树立图书馆的良好形象具有重要的意义。接待人员要提前对主讲人的求学经历、主要学术观点、最新的科研成果、性格特点、个人爱好等个人信息心中有数，以便因人而异地安排接待细节、准备简短交流的话题。并在讲座前两天与主讲人沟通好来馆路线、停车地点、到馆时间等，方便派车接送或主讲人自行前往。在邀请了嘉宾主持人的情况下，要协调两位嘉宾的到馆时间，并分别安排专人接待、引导、引荐。还要组织好当日讲座的全部流程。如果图书馆安排签署讲座知识产权协议，最好在筹备期就提前让主讲人知晓，接待现场可针对主讲人提出的问题，对协议条款再进一步进行解释，说明图书馆对讲座资源利用的公益途径，获得主讲人的理解和支持。假如主讲人由于政策规定、学科特殊性等仍存有疑虑等，接待人员可以尽量争取获得主讲人的部分授权。有的主讲人只同意录音不同意录像，有的主讲人同意录像不同意留存讲座课件等意愿，都要充分尊重。

六、现场工作人员的具体职责有哪些

场地管理员要提前调试会场灯光、话筒、音响、大屏幕、笔记本电脑、网络连接、翻页激光笔、录播设备、打扫会场卫生、给会场开窗通风透气、调节空调温度等。

会场布置人员要确认主讲人的课件是否能正常播放，并根据需要配合安装必要的软件，讲座中需要用到的网站可以提前缓冲好；放置易拉宝、海报，发放宣传手册、调查问卷等，候场时准备讲座宣传 PPT、主题视频、背景音乐循环播放。会场秩序维护人员做好检票，引导读者有序入场退场，特别是在观众数量超出场地座位数量时，要及时规划临时座位、站立空间，保证消防通道畅通，加强安全管理。

摄像人员、媒体直播人员应在观众入场前，将设备架设完成，若观众入场后才布置设备，会给已就座观众造成不便。负责音频录制的人员，要注意在讲座开场后将录音设备放置到讲台上，并开启录音按钮。

在开场前 5 分钟提醒读者手机调至静音，安静就座。讲座现场常会有多种突发情况发生，需要现场工作人员眼中有活，灵活机动处理，以保障讲座活动顺利开展。现场工作人员有必要统一着装或佩戴会务工作牌，一则可展示图书馆员整体风貌，其次也增加工作人员辨识度，方便读者及时找到工作人员咨询、寻求帮助等。

七、主持人角色功能有哪些

讲座主持人服务于图书馆讲座活动的整体定位、策划与组织工作，是讲座开场后最重要的现场工作人员，应以专业化的工作态度、广博的知识视野、亲切自然的互动、机智的现场反应为观众营造轻松、融洽的现场氛围。主持人主要负责串联衔接、推进讲座发展，对整个流程起到穿针引线、承上启下的重要作用。准备工作包括理顺讲座流程，熟悉主讲人背景资料，撰写讲座开场稿，做好形象着装规划。现场工作包括控制讲座各阶段时间，引导观众参与互动，及时归纳总结发言等。

八、安全保障人员的职责如何明确

根据《中华人民共和国公共文化服务保障法》和《大型群众性活动安全管理条例》相关规定，严格落实安全管理责任，强化活动场地的安全检查，依法配备安全保护设备和人员，保障公共文化设施和公众活动安全。坚持“安全第一、预防为主”的方针，制订翔实可行的安全工作方案和应急预案，健全应急指挥和联动处置机制，科学应对、畅通信息报送渠道，一旦发生紧急情况，迅速启动响应。特别是图书馆大型文化讲座活动，听众人数众多，人员身份多样，需要配备足够的馆员、志愿者、馆内保安或专业安保人员，以应对场内寻衅滋事、突发疾病、停电、地震等情况的现场处置。

九、档案资料整理人员要完成哪些工作

图书馆的讲座活动长期规模化开展，积累了大量各类型的资料。讲座的录音、录像、照片、课件可以说是最核心的讲座资源，而主讲人的

签名、题词、授权书、赠送的书籍等也是不可或缺的档案材料。讲座工作人员在工作中产生的策划书、财务表格、资料文本、主持稿、宣传文案、讲座海报、微信推文、听众意见调查表、新闻报道、工作照、工作总结以及与各合作单位和管理部门联络产生的表格、单据、文件等都要及时、系统地整理归档，便于查阅与学习。

讲座资料类型多样，从方便存储的角度，首先要尽量考虑数字化保存，并做好备份。如发布于网站的新闻稿件，常会因时过境迁，网站的升级、迁移而无法打开。尽量将各种资料分类放在讲座网站、讲座数据库中集中管理。如讲座的海报也可集中整理存放，讲座微信推文分散于图书馆公众号中，可以批量截图编辑整理。策划人员搜集整理的主题内容、专家信息，是非常有价值的参考资料，在合适的时机或许还要再次使用，可以通过开发专家学者库、策划文案库等方式加以储存、利用。

十、品牌管理人员如何打造品牌

图书馆讲座蓬勃发展，各地公益讲座品牌应运而生，加强品牌塑造，围绕讲座品牌进行宣传，可以将用户资源、优质专家资源、合作机构资源进行有效的聚合。品牌管理贯穿于讲座活动策划、执行、宣传等全过程，是一个复杂工程，包括品牌的整体讲座规划、视觉识别系统、品牌符号运用、文案框架、宣传推广、衍生品设计等一系列工作。品牌管理人要梳理、维护、整合馆内讲座文化资源，制订讲座品牌管理计划，提供有创意的传播策略，并落实成为具体的创意方案，实现品牌传播效果最大化。根据品牌特点及单场讲座的需要，提出视觉创意理念，并指导馆内宣传设计人员、志愿者等进行设计输出。监督讲座团队各成员在讲座宣传品中应用品牌 LOGO 等视觉标识的情况，同时也注重在新闻稿件、微信推文的文字中体现讲座品牌的宣传，并进行改进。品牌管理普遍运用于商业管理中，图书馆员也应积极学习品牌管理理论与管理手段，不断提升图书馆讲座品牌价值，用品牌价值吸引广大读者成为讲座活动的稳定观众群，品牌忠诚是品牌价值的结果。

分工协作是最高效的工作方式。图书馆整合人力资源，让不同学科背景、各具专长的馆员专注于自己所擅长的工作部分，各司其职，通过规范化、周期性的团队工作，可以让团队中各角色人员的相关业务能力不断精进，发挥个人潜能促进整体工作的开展。社会学家涂尔干提出社会分工对社会团结的作用比社会分工带来的经济效益还大的观点。他认为社会团结是某一社会中社会成员间存在协调一致的社会行动，具体就体现为社会成员的相互依赖、相互协作的联结关系。讲座团队成员也在互相交织、重合、协作的工作中不断磨合、历练，也加强了团队凝聚力和向心力，一个团结、精干的团队是图书馆讲座持续发展的不竭动力。

第三节 讲座团队的素质与能力

图书馆讲座工作通常对馆员有较高的综合素质和业务技能的要求。美国专业图书馆员职业能力主要覆盖基础能力、管理能力与服务能力3大类。我国图书馆员职业能力要素可以归纳为13个方面，包括职业素养、组织管理能力、自我管理能力、信息服务能力、用户服务能力、馆藏管理能力、知识管理能力、学习能力、技术能力、合作能力、教学培训能力、学术交流能力和财产管理能力。

一、讲座团队的基本素质包括哪些

（一）良好的思想政治素质

图书馆作为社会教育的主要阵地，要求图书馆员要具有过硬的思想政治素质。图书馆讲座活动具有广泛的社会影响，讲座工作人员决定着讲座的选题方向与价值取向，更要坚定理想信念，拥有正确的世界观、人生观、价值观，坚持正确的舆论导向，大力弘扬主流文化，努力成为先进思想文化的传播者。

（二）扎实的基本工作技能

讲座工作人员，需要与合作单位、主管部门、主讲人等外部人员，馆内各部门人员以及读者交流想法与意见，良好的人际交往与沟通能力，对开展讲座组织工作具有至关重要的作用；讲座的策划和组织，需要有计划、有策略地组织各方共同协助，协调所有的关系，持续推进活动，要求工作人员有较为突出的组织协调能力；讲座策划完成后，各个环节的落地，内外衔接都需要工作人员强有力的执行力，讲座活动现场更是对整个讲座策划和方案的检验。讲座活动的执行不是单一化的操作性能，要有团队精神、工作主动性和解决问题的能力；讲座人员要有较强的社会活动能力和资源整合能力，在讲座活动中担任构思、组织、管理，穿梭于专家、文化机构、合作单位之间，运用智慧、能力和公关能力，策划出具有创意和影响的讲座活动。

（三）广博的知识背景

有专家说过，最精锐或是最有实力的图书馆员是那些带着广博知识背景而进入图书馆行业的人。现代图书馆要求馆员是一专多能的通才。北京大学信息管理系王子舟教授在给图书馆员进行图书馆事业史培训的讲座中，也强调图书馆员一定是一个知识广博的人，对人类历史脉络、世界文明发展轨迹、各个学科领域都能有一定的了解，这并不要求博古通今、钻研精深，而是在读者提及时能够略知一二。讲座选题范围从经典阅读、历史文化传承、哲学思辨、艺术修养、经济理论、数学思维、社会分析、国际关系、公民素养、科学技术到跨文化沟通，讲座工作人员没有宽阔的文化视野、充足的人文情怀以及对新知潮流信息的知识嗅觉，难以把握时代脉搏开展广泛的选题工作，因此需要不断突破自身在人文社科和自然科学领域的专业局限。讲座工作人员在工作之余也尽可能参加各类型的讲座沙龙活动，亲身参与、观看、体验，可以促使自身进行深入的思考。

（四）强烈的学习意识

现在的科技日新月异，社会瞬息万变，新知识新问题不断涌现，要求每一个人都要不断地在正式和非正式学习中，参与新的体验、把新知识融入已有的知识、从而改变已有知识结构。图书馆员的学习能力是指馆员学习新知识、提高个人知识与技能的能力。它往往要求图书馆员具备学习动力、学习意志与终身学习意识，具备辩证思维，创新思维能力，能够进行学习规划，自主学习，更新知识，能够应用好的学习方法，具备好的学习效率。

讲座工作人员需要联系、接洽各行各业的领军人、各学科领域的顶尖专家学者，时常要涉足自己并不熟悉的领域，要具有好奇心和开放的心态，不断学习新知识、新观点，才有与其开展对话的可能。另外在工作中，馆员也需要跟随社会的进步和技术的发展，提升应用办公软件和新技术的水平。身处开放的数字时代，馆员自身的习得和训练非常重要。馆员要勇于接受新变化，始终保持学习能力，自发学习新技术，运用新方法开阔视野，提升知识服务技能。

二、讲座团队的工作能力有哪些

（一）信息搜集能力

讲座工作人员特别是策划人需要长期关注本地区以及其他文化活动活跃地区的讲座活动动态，要具有“市场”调查和资料搜集整理的能力。在讲座信息的搜集方面一定要广开渠道，首先可以通过官网、官微博、论坛等多种媒体浏览、收集图书馆、博物馆、高校院系、科研院所、出版社、著名论坛开展的讲座活动信息。其次还可以关注有品质的书店沙龙活动，如单向街书店、西西弗书店、言几又书店等。此外，还可以通过关注专家、学者的微博、微信等自媒体以了解其最新研究成果和讲学情况。

在策划具体主题时，首先要运用搜索技巧广泛搜集相近主题讲座开展的情况，全面了解这一主题讲座的内容，以找到策划讲座主题的切入角度。其次，要用关键词查询的方法，通过在网络、数据库、图书、期刊等途径阅读背景资料，对拟采用主题做整体了解，快速对某个领域的发展情势有所判断。再次，在确定主讲人环节中，需要深入、细致地了解备选人的成长经历、学科背景、主要学术观点，不仅要查阅学者的论文成果，还要对与这位学者相关的近年讲座新闻、会议新闻、采访报道、个人博客内容等都做充分的了解。讲座工作人员需要时刻注意从各途径搜集各种文化活动信息，时刻保持对选题的敏感度。此外，在寻找讲座合作单位、进行营销推广等环节时，也需要馆员们利用专业检索能力，不断搜索、开发新资源。

（二）文案撰写能力

讲座活动中有多重文案撰写的需求，如策划方案、邀请函、宣传文案、海报文案、微信文案、主持稿、新闻报道等，需要工作人员具备较高人文素养，较强的创意意识、清晰的逻辑思维能力、准确的口头表达能力、一定文字功底，了解常用文体的格式和行文风格，知悉标点符号的基本用法、编辑排版的基本要求，以保证能独立完成逻辑结构清晰、语法标准的文本。能够深刻理解讲座品牌定位，能够根据不同宣传阶段的需要，提出文字创意，进行信息采编、整理、编辑、原创、评论、审校等工作，撰写符合讲座特质，符合读者群体需求的文字作品。特别是要能了解图书馆官网与微信不同的传播特点，既能写中规中矩的讲座通告，也能写卖萌的“软文”。只有不断进行广泛的阅读，增加自己的知识储备，丰富人生阅历，熟练并恰到好处地运用各种语言表达手段和表达技巧，才能游刃有余地驾驭语言，成为资深文案馆员。

（三）新媒体运营能力

新媒体技术下大量智能终端设备普及，以手机为主的新媒体、社交媒体的高速发展正在改变着人们的生活方式和交流方式。根据中国互联网络信息中心《2016 年中国社交应用用户行为研究报告》，有 85. 5%的网民使用微信朋友圈。在一项针对中老年人的互联网生活调查中，绝大多数中老年人（98. 5%）都会微信聊天，近半数中老年人（45. 9%）会关注浏览微信公众号的文章。

现在资讯传播对新媒体的依赖程度很大，众多公共图书馆、高校图书馆的微信公众号上为讲座活动开辟了专属菜单栏，大力开发线上报名预约、咨询、直播、点播等功能。首都图书馆提供了对讲座的微信直播，大大增加了用户使用图书馆微信的兴趣。博物馆界还积极“拥抱”抖音，国家博物馆携手六大博物馆共同打造的抖音视频《第一届文化戏精大会》，尝试用流行的平台和玩法让更多人了解中国的历史文化以及国家文物。讲座工作宣传人员要全面了解新媒体平台的传播特点，掌握网站维护、APP 开发、微博、微信运营等技术。负责微信运营的馆员要能够熟练掌握微信平台功能，对语音、文字、图片、短视频等多种信息形式需要综合运用。并能利用微信公众平台的各项社交功能，与受众随时互动，进行多种形式的交流，比如有奖竞猜、红包发放、摇一摇等。

微信等新媒体平台有着其独特的媒介属性和运作规律，客观上要求馆员利用微博、微信促进线上讲座形态多元化传播。图书馆应针对以上需求，选拔一批专业性人员，同时注意加强对新媒体运营者的工作技能、职业素养的培训，加强新媒体运营者对舆情的认知和把握，提高应急能力。

（四）营销与推广能力

在美国国家图书馆馆员职业能力的有关标准中，均要求馆员具有营销与推广能力。“制订与实施图书馆营销计划”是被强调的核心能力，包括图书馆员能够用创新思维来营销图书馆馆藏与服务、开展图书馆展览等；能够制订和实施图书馆营销计划、评估图书馆营销计划；能够为高品质图书馆服务进行游说、倡议消除图书馆服务障碍；能够制订员工公共关系计划；能够有效利用机构网站和商业媒体促进馆藏资料的利用，通过电子媒体和印刷媒体以及其他手段（如讲座、参观、新闻发布会等）宣传图书馆服务等。

自 2002 年起，国际图联每年都评选出最优秀的图书馆营销实践，旨在表彰组织实施富于创意，并注重应用效果的营销项目或活动的图书馆及其他信息机构，中国的图书馆员已有多个案例在历年大赛中获奖。2015 年美国图书馆协会为了向普通民众宣传图书馆在信息时代的各种转变，展开营销攻势，在全国范围内发起图书馆转型运动（The Libraries Transform Campaign）。图书馆的营销活动在新媒体时代不再是简单的“告之”，也并非静止、割裂的某个营销环节，而是发展为一系列推广活动，涵盖了从发起、策划、执行再到反馈的全过程，这甚至可以称为图书馆的新广告运动。图书馆目前花了大量精力广泛开展包括讲座活动在内的各种读者活动，为了改变读者对图书馆的刻板印象，将这些创新活动推送到读者面前，让更多的读者走进图书馆，感受新时代图书馆的变化，都需要重视营销策略与营销手段，关注国内外业界的营销案例，加以借鉴吸收。

（五）应变和协作能力

讲座团队成员都有着较高的综合素质和知识储备能力，在日常工作中虽然互有分工，各有专攻，但是团队成员除了要做好自己的工作外，也需要对团队整体工作、各流程的要求以及重要设备、技术有所了解。讲座工作是个复杂的系统工程，加之讲座现场不确定因素较多，时常有一些特殊情况发生，需要团队成员相互协助、补位，不能发生任何一个职能岗位“开天窗”的情况。这就需要团队一方面做好完备的备用方案，另一方面要重视人才培养。如作为经常要使用讲座场地的讲座组织人员，对于会场的录播设备就要尽量学习，不能仅仅是场地管理员会使用，假若管理员要临时处理空调设备的问题，就要有人能够跟进录像设施。又如讲座主持工作流程，除了日常主持人能够胜任主持工作外，团队里也还需要培养一位能够基本承担主持工作的人员，以防主持人出差、生病等特殊情况，所有团队成员要齐心协力保证讲座活动顺利进行。

图书馆员的职业素质与工作能力的培养是一项长期的工作。馆员要发挥个人能动性，在工作实践中积累经验，不断总结；立足岗位，以问题为导向，积极学习，提升业务能力。讲座团队内部，也要形成定期会晤的机制，方便馆员工作交流，互相促进。图书馆应该充分重视促进馆员职业能力提升，针对讲座岗位需求，馆内可以邀请专家、行家来馆开展有针对性、实用性、方式灵活的培训，创造条件开展馆员再教育和培训。图书馆也应鼓励馆员参与学术研究，创造条件搭建平台，支持和给予馆员一定时间和机会参加学术交流和行业协会。

第四节　讲座主持人的塑造与培养

相较于图书馆业界对图书馆讲座品牌塑造、选题策划、宣传推广、制度建设、衍生品开发等方面的大量深入研究，对讲座主持人工作的系统探讨并不算多，也没有形成业内较为公认的图书馆讲座主持人的选拔标准与工作规范。讲座主持人作为讲座活动现场最为重要的组织者、参与者，讲座筹备期各项工作内容的最后表达者，其定位、作用与必备素养等方面的内容值得探讨。

一、如何理解图书馆“讲座主持人”

讲座主持人仅仅是主持人吗？除此之外，其在整个工作团队中还要发挥什么作用呢？图书馆讲座工作初期，主持人仅仅只负责开场前的嘉宾介绍，很多时候还是由图书馆领导或嘉宾来串场。之后，各馆相继选择形象好、气质佳、语言表达能力强的馆员担任固定主持人。还有一些图书馆邀请著名主持人来任嘉宾主持或者将馆内主持人进行“明星化”培养，以提升讲座工作的知名度。随着讲座工作的开展，开始对纯粹的主持人工作增加了多种附加值。湘图讲坛在2006年设立主持人负责制，对主持人委以重任，由主持人对团队工作负责，主要包括对选题、选人、现场布置方面的统筹。无论主持人是否具有团队负责人的身份，主持人都需要更多地参与到多项团队工作中。

这样的融合状态符合讲座团队的工作特点，首先，图书馆讲座团队人员一直处在相对短缺的状态，身兼数职，能者多劳的情况非常普遍。其次，主持人参与到策划、组织、联络、现场布置等多个环节，深入了解各项工作，有利于增强现场控制力。参加策划环节，可以更好地理解讲座主题与定位；参加联络工作，可以前期与主讲人及嘉宾互动，加深了解，利于讲座当天现场的交流；参与组织场地布置工作，可以完整地了解工作流程，当现场出现人员、场地、环境等方面的突发情况时，可以做到心中有数，快速反应。随着科技的进步，传播方式的增多，广播电视节目的类型愈发重合、多元，主持人单一的角色定位已经不能适应节目、受众需求，图书馆讲座亦如此。主持人需要在讲座的前期和讲座组一同筹划、准备，找准自己在讲座整体以及各个环节的角色定位。图书馆根据讲座主持人的学科背景、兴趣特长，在能力与时间允许的范围内，让主持人广泛地参加到讲座前期筹备中，既历练人员，又利于活动现场的组织，发展“全能型”的讲座主持人是一条必由之路。

二、图书馆讲座主持人的定位是什么

“主持人定位”是一个综合的概念，它要求主持人在讲座活动中所表现出来的风格、角色必须与讲座的性质、风格相契合，它对主持人有多个方面的要求。传统电视广播节目中主持人形象定位、气质定位要与节目整体定位相互契合。在节目与主持人的相互映衬下，很多成功的电视栏目中，一个著名主持人就是一个节目的名片，如《非诚勿扰》捧红了孟非，窦文涛就标志着《锵锵三人行》，有些节目组甚至是围绕着明星主持人来打造适合的节目。然而，在图书馆讲座这个文化服务活动中，其讲座主持人的作用自始就是比较弱化的，主持人不言而喻是活动现场进度的掌控者，但还没有起到讲座形象代言的作用。有的图书馆挑选出在形象和语言等方面综合素质较高的馆员担任主持人，但在很大程度上对其的期望又仅仅是能准确地完成“播报”，馆员自身也鲜少在主持领域深耕细作，开创个性化主持，这大多是由于没有播音主持专业化训练的基本功做支撑，难有突破。于是，图书馆讲座主持人整体上呈现一种台风稳健、中规中矩、四平八稳的现象。在广播电视节目主持人来源多元化、风格多元化的趋势下，图书馆员也可以在图书馆主持界有新气象。

事实表明图书馆讲座工作团队成员多是由“非图情专业”的馆员来构成，本来就是跨界来当图书馆员，现在又要再次跨界去做主持人。然而文化活动创意团队里，似乎没有隔行如隔山般难以逾越的界限，目前广播电视节目中的“跨界”主持人比比皆是，观众更需要的是一个懂得把握尺度、知道进退、口齿清晰、临场反应快、有个性、情商高、有文化、掌握某种专业知识的、有观众缘的综合型主持人。馆员也可以是一个好的文化讲座主持人，既然是“非专业”主持，就要发挥跨界的优势，相比口齿清晰、声音悦耳动听，形象气质俱佳等优势，跨界主持人的睿智、博学，尤其是专业精神和职业规范，更难能可贵。馆员应积极修炼内功，寻找到自己独特的主持风格，发挥自身特质和价值优势，提升专业素养，增强广泛适应性，承担起主持讲座的媒介角色，真正赢得受众的认可和青睐。

三、图书馆讲座主持人应具备哪些素质

讲座主持人最核心的任务在于提升个人的业务能力，如何将讲座元素与观众链接成整体，富有创造性地表达讲座意图，就成为其要修炼的“内功”。

（一）优秀的语言能力

作为主持人，应具备的首要能力就是语言能力。讲座现场需要依靠主持人的语言表达作为支撑，练好语言基本功，提高语言控制能力以此保证讲座正常进行。第一，标准的普通话。主持讲座活动时应使用普通话，因此主持人必须具备讲标准普通话的能力。按照国家普通话水平测试的标准多加练习，在朗读和自由交谈时，声韵调发音基本标准，语调自然，表达流畅。少数难点音有时可能出现失误，但在语汇、语法方面应极少有误。第二，良好的语言表达能力。主持人在主持讲座时，思路清晰、逻辑严谨、用声自如、语言流畅、语气生动、节奏恰当，言语表达准确规范、生动形象、富有表现力。主持人让自己的思想感情处于运动状态，根据稿件内容引发相应的态度、情感，最终正确地服务于视听的需求。第三，主持人要注意书面语与口语的结合使用，兼顾表意周密和语言生动，以期准确地言情状物、传达思想，给受众美的享受。

（二）过硬的心理素质

主持人在讲座开始之前会做充分的准备与多次的预演，熟读开场白和串词，甚至可以背诵出来，但是如果心理素质不稳定，遇到“名星”嘉宾或者一上场看到观众就变得心情紧张，气短胸闷，思维混乱，脑子里一片空白，以致手足无措，无法组织语言，会让讲座活动在一开场时

就陷入被动局面。此外，讲座过程中，时常会发生不可预测的情况需要主持人依据实际情况展开处理，因而具备过硬的心理素质显得尤为重要。

（三）较强的临场应变能力

作为主持人，在现场常常会遇到许多意想不到的复杂情况，这些意外情况不可能由其他现场工作人员来处理，而只能凭主持人在现场第一时间的巧妙化解。这就要求主持人有灵敏的反应能力。一个优秀的主持人面对各种突发情况必须能够处变不惊，沉着、冷静，注意观众心理变化，及时调整自己的现场情绪和语言，控制现场气氛。主持人还要有敏锐的洞察力和观察力，善于发现、捕捉主讲人的身体语言、心理动态以及观众的举动、反应，及时做出应有的对策。

（四）厚积薄发的文化素养

主持人个人的语言表达能力、现场驾驭能力、逻辑思辨能力、人格魅力都会呈现在观众面前，其在观众面前的精神风貌，在一定程度上反映出个人的文化素养和讲座活动的文化品位。文化素养则是主持人自身知识结构、教育背景、学习能力、艺术修养和阅历的外化，它渗透到主持人的一言一行、一举一动中，会对受众产生潜移默化的影响。主持人只有在拥有丰富的知识，具有较高的文化素养时，才能准确传递思想和情感，铸就自身良好的精神气质。如在《中国诗词大会》中，主持人适时串接的诗词歌赋、名人名言、外文经典，精彩到位的点评和恰到好处的情感表达，在为节目增色添彩的同时，也显示出其扎实的知识储备和丰富的人生阅历。图书馆讲座主持人更以先进文化、主流文化为主要文化内涵，在繁荣发展社会主义先进文化、树立民族自信、振奋民族精神方面，对观众予以精神上的影响，要不断提高自己的知识水平和文化修养，厚积薄发，出口成章。

（五）讲座主持人角色的新突破

随着新媒体新技术的普遍运用，媒体融合正持续走向深入，人们的思维习惯与生活方式都发生了很大的转变，受众更希望获取更多、更快捷的信息，以满足日益增长的精神文化生活的需求。图书馆在读者活动宣传方面愈发倚重微博、微信等新媒体工具，打通线上线下，同时发力。主持从传统的线下主持人要逐步适应线上主持，对自己应提出更高的要求。以往主持人只是面对讲座现场场内的几百位观众，直接受众面有限，其心理压力不会特别大。现场主持的表现和效果仅体现在场内，虽然将讲座录音录像放置到网络上提供点播的方式已经较为广泛的应用，但有一部分图书馆会将主持人的部分剪辑出来，并不纳入点播音视频的内容中，可能大部分观众在点播时也可能会选择跳过开场部分，直接观看讲座主体部分。图书馆讲座开通了网络直播、微信直播后，作为一名“非专业”主持人无疑要面对接受更多观众审视的压力。一方面主持人要提高媒介素养，适应新兴媒体的实效性、互动性、便捷性的特点，提高传播质量。另一方面，互联网信息传播速度之快、受众面之广，主持人的言行举止稍有不当、点滴失误，就会产生较大的影响。

在直播中，讲座会场变成一个开放的空间，主持人在镜头前要准确把握语言环境，根据讲座特点适当地调整表达方式和语言特点，既要表现得沉稳大方、语言得体，又要对主持内容胸有成竹，还要保持足够的新鲜感以吸引广大受众的注意；同时主持人要以积极的状态面对话筒，并通过镜头与受众进行眼神、肢体语言的交流，从而带动气氛，提高受众的参与程度。

图书馆讲座主持是一门实践的艺术，需要实践的打磨。主持中总会存在各种各样的小插曲或当时没有很好应对的问题。主持人要在每一次的锻炼中成长，每次活动结束后仔细回想自己主持的每一个环节，说出的每一句话，看能不能用更恰当的语句、语气表达，用心总结，不断去沉淀积累经验，相同的错误不再犯。随着经验的积累，主持人的基本功会变得越来越完善，带给听众的体验会越来越好。

第六章
图书馆讲座的营销推广

图书馆讲座营销推广，即针对馆内开展的讲座活动进行宣传推广，形成讲座品牌，以提高图书馆讲座活动的参与人数，为读者提供更好的讲座服务，其营销推广主要包括讲座信息发布和讲座品牌打造。

那么，什么是营销？现代营销学之父菲利普·科特勒（Philip Kotler）给出的定义是："识别顾客的需求和欲望，确定某个组织所能提供最佳服务的目标市场，并且设计适当的产品、服务和计划方案以满足这些市场需要。"随着营销概念在图书馆领域的普遍建立，国际图书馆联合会（IFLA）也积极推进图书馆营销方面的工作，例如建立"管理与市场营销委员会"机构，设立国际图联国际市场营销奖，并且在《公共图书馆服务发展指南中》提出"图书馆的主管人员可以利用市场营销技术，使自己能了解用户的需求，并进行有效的规划，以便满足他们的需求。图书馆还必须向大众宣传它的服务，确保他们清楚了解图书馆为他们提供的图书信息服务"。本章将从讲座宣传的途径、阶段和策略这三个方面对图书馆讲座的营销推广进行介绍。

第一节 讲座宣传的途径扫描

讲座宣传的途径和载体多种多样，从前面的章节可见，当前图书馆常借助的宣传载体有海报、网站、媒体等，各种途径可根据讲座面向读者及读者的需求配合使用，从而达到更好的宣传效果。

一、线下（馆内）宣传包括什么

线下（馆内）宣传更多的是面向本馆主要服务人群，包括经常到馆的用户和可能到馆的潜在用户，宣传范围更多地集中在馆舍内部及周边地区，主要的宣传方式有以下几种：

（1）在馆内及馆舍附近人流较为密集的区域张贴宣传海报、放置易拉宝或悬挂大幅宣传喷绘。以高校图书馆为例，主要张贴区域为图书馆入口处、教学楼宣传栏、各学院办公楼电梯口、食堂、宿舍等。而对于公共图书馆，除了馆内还可到附近的社区、超市等人流量大的区域张贴宣传海报或放置易拉宝、宣传喷绘等。当然宣传品的张贴、放置要遵守该区域的规定，避免造成对公共环境的破坏以及在宣传期内被撤除。

（2）LED 显示屏、灯箱播放讲座电子海报。很多图书馆、教学楼或街道装有 LED 显示屏或灯箱，可制作符合其播放要求尺寸的电子宣传海报或视频在其上滚动播放，海报内容应当包括讲座主题、时间、地点、主讲人、内容概要等讲座主要信息。

（3）印制宣传单页或宣传册，可放置在馆内咨询台或借阅处供到馆读者查看。

（4）讲座自身的宣传。每期讲座开场前或结束时可对下次讲座进行预告。以北京师范大学图书馆“专家讲座”为例，每次讲座开场前会播放提前制作的候场 PPT 文件或宣传视频，内容包括：专家讲座品牌介绍，本期讲座专家、内容介绍，专家荐书，下期讲座预告等。

在其他读者活动中融入讲座宣传，如在活动现场派发讲座宣传单或在其他活动中进行相关主题的讲座宣传，其中更有效的方法是根据读者活动的内容、参与读者的特点，有针对性地宣传讲座。例如上海市普陀区图书馆面向利用馆内场地举办读书沙龙活动的民间读书会推广文学类讲座；面向参与亲子活动的家庭则推荐育儿教育类讲座；面向来看演出、摄影展、书画展的读者推荐艺术类讲座。

二、什么是传统媒体宣传

本节所涉及的传统媒体主要指广播、报刊和电视媒体这类宣传媒介，图书馆可以借助这些媒介进行讲座宣传。这些传统媒体在可信度和公信力方面有着较强的优势，在及时性、送达率、频率、内容的深刻性、现场感等方面互有差异。例如，电视宣传方式的送达率比报刊高，但报刊宣传方式的内容深刻性比电视强。受到图书馆服务读者对象的影响，公共图书馆使用这类宣传渠道相比高校图书馆较多。

报刊宣传是指图书馆讲座与报社、期刊合作，将讲座信息刊登在报纸或期刊上进行宣传推广，其优势在于弹性大、及时、内容的权威性、深刻性，以及对当地读者的覆盖率高，但也存在现场感不强的缺点。讲座前可在报刊上简要刊登讲座预告，内容包括讲座主题、主讲人、时间、地点和内容提要，讲座结束后可详细刊登讲座的摘要或全文，使读者能够进一步学习讲座内容，更为不能到现场听讲座的读者提供了解讲座内容的机会，充分发挥讲座的知识传播功能。以宁波市图书馆的“天一讲堂”为例，其与《宁波晚报》合作，专门开辟“大讲堂”版面，定期对“天一讲堂”讲座进行整版宣传，对已开展的讲座进行详细报道，内容涉及主讲人简介、推荐书目和理由，以及讲座的主要观点和内容，并对下期讲座的主题、时间、地点和主讲人进行预告。图书馆与报刊合作进行讲座宣传除了可以扩大讲座影响，充分发挥讲座的教育作用，还有利于专家的邀请，如山东省图书馆讲座邀请到大量高学术水平专家，就与其通过《齐鲁晚报》这样的大型媒体开展讲座宣传有关。但通过报刊，尤其是覆盖面广、传阅率高的报刊进行宣传通常需要较高的版面费，因此选择与其合作或寻求其他合作伙伴是较好的方式。

广播宣传具有成本低、收听方便等优点，但其缺点在于仅有音响效果，不如电视吸引人及展露转瞬即逝。主要宣传方式为图书馆讲座与广播电台合作，进行讲座预告或讲座现场录音的播放，如上海图书馆“市民与法”系列讲座每场开讲前，邀请主讲人与上海市人民广播电台名牌栏目《市民与社会》合作，接听市民来电访谈，留下精彩片段供电台播放。

电视宣传的优点在于视、听、动作紧密结合且引人注目，给观众较好的视听感和现场感，同时有较高的送达率，但其缺点在于绝对成本高、展露转瞬即逝、内容深度不够。图书馆可与当地电视台合作，一方面可以进行讲座预告的宣传，另一方面可以合作制作讲座类电视节目，如央视的《百家讲坛》节目；厦门市图书馆与电视台联合举办名家讲座，包括梁文道的《阅读的寂寞与虚无》等，并对讲座现场进行电视直播，让观众能够通过电视收看讲座，但这场名家讲座只是作为电视台“两岸开讲”的一个部分，该图书馆并未与电视台建立起电视直播讲座的长期合作关系；湖北省图书馆将讲座录像制成 DVD，在湖北电视台教育频道的固定时段进行播放，这些都是可供借鉴的案例。由于电视节目制作成本高，也需要一定的制作周期，图书馆要提前做好筹备，协调好主讲人和电视台的档期。

三、新媒体宣传有哪些

新媒体是“借助计算机（或具有计算机本质特征的数字设备）传播信息的载体”，包括网络媒体和手机媒体。网络媒体包括搜索引擎、网络报刊、各类网站、博客、微博等，手机媒体包括短信彩信、手机报刊、手机图书、手机电视、手机微信、微博、各类移动 APP 等。与传统媒体相比，新媒体具有即时性、开放性、个性化、分众性、信息的海量性、低成本全球传播、检索便捷、融合性等特征，其中数字化、互动性是新媒体的根本特征。中国互联网信息中心发布的第 42 次《中国互联网络发展状况统计报告》显示截至 2018 年 6 月 30 日，我国网民规模达 8.02 亿，互联网普及率为 57.7%。《第十五次全国国民阅读调查报告》显示手机和互联网成为我国成年国民每天接触媒介的主体，人均每天手机接触时长为 80.43 分钟，互联网接触时长为 60.70 分钟，微信阅读时长为 27.02 分钟。互联网驱动下的新媒体已融入我们的生活，借助新媒体进行营销宣传在当今已成为一种趋势，对于图书馆讲座来说，通过网站、微信公众号进行宣传已成为较常见的方式。

网站宣传包括本馆官方网站的宣传和其他网站的宣传，本馆网站宣传主要面向本馆的忠实用户，通过其他网站宣传的目的在于扩大覆盖面，发掘更多潜在读者。以北京师范大学图书馆“专家讲座”为例，在讲座宣传期内除了在本馆的官方网站上进行讲座通知，同时在北京师范大学官方网站学术动态板块和校内论坛“蛋蛋网”上都会进行讲座信息的预告。

图书馆可以借助手机 APP 进行讲座信息的宣传，越来越多的图书馆开放了移动图书馆 APP 的业务，例如国家图书馆的“掌上国家图书馆”以及一些高校馆基于超星 App 开放的移动图书馆业务。图书馆 App

中通常设有图书馆活动模块，可以在这一模块进行讲座的宣传推广工作，相较于网站宣传，通过手机端传播信息的方式让读者的信息获取更便捷。

微信公众平台在当前的图书馆讲座新媒体宣传中应当是除网站宣传外使用最多的平台，因其具有营销成本低、可持续性强、分享便捷、天然的社交优势、传播有效性高、内容排版灵活多样等特点。宣传内容一方面可在本馆官方微信进行发布，另一方面可以通过其他综合平台进行发布，例如北京地区的各类学术文化讲座可投稿至“北大清华讲座-北京活动”微博，在其微博及微信公众平台发布讲座预告。讲座宣传期间首先可以进行讲座预告，预告的主要内容包括讲座主题、时间、地点、主讲人简介和内容提要，其他的相关背景信息等内容可酌情添加。讲座结束后可对讲座内容进行整理发布，这一点对于打造讲座品牌十分重要。

图书馆还可开设官方微博账号，进行讲座信息的宣传。微博作为一种通过关注机制分享简短实时信息的广播式的社交网络平台，具有很强的时效性和互动性。部分图书馆微博将讲座品牌生成话题，每次宣传打上固定 TAG，例如北京大学图书馆的#一小时讲座#（图 6-1），从 2013 年 9 月 17 日至今已发布带有此话题内容 427 条，话题阅读量上百万。此外，还可利用微博直播进行讲座推广（图 6-2），形式包括文字直播、文字+图片直播、网页视频直播和手机视频直播。

QQ 群也可以作为图书馆讲座推广的方式之一，可邀请对讲座感兴趣的读者加入 QQ 群，使其能够及时了解讲座动态，还可与其他机构合作，通过 QQ 群转发扩散讲座信息。闽江学院图书馆组建了包括系院联络人和班级信息联络人在内的 QQ 群，生成了一个移动互联网的全校学生联系网。图书馆开展信息讲座前，先在 QQ 群中进行信息发布，然后

图 6-1 北京大学图书馆#一小时讲座#系列微博

图 6-2 中国矿业大学图书馆#知学讲堂#直播系列微博

由信息联络员将信息转发到班级，使讲座信息扩散到全校。此外，还可利用 QQ 群的新功能，如“作业”功能将讲座相关信息同时私信给所有群成员，这样读者不会因群消息过多而错过重要信息。

喜马拉雅 FM、荔枝 FM 等手机电台应用可以作为讲座音频资料的发布平台，利用已有的平台发布讲座音频资料，方便读者在任意时间任意地点进行讲座内容的收听。以广州图书馆为例，其在喜马拉雅 FM 上建立了“羊城学堂讲座”官方账号，发布羊城讲座十年精选音频，供读者收听（图 6-3）。

图 6-3　广州图书馆羊城学堂讲座喜马拉雅平台

视频宣传，包括讲座预告视频、讲座现场录像和讲座品牌宣传视频。图书馆可以自行搭建讲座视频平台，供读者回顾往期讲座现场，或者借助各类网络视频平台，如爱奇艺、腾讯视频、优酷等进行讲坛的视频宣传，也可在时下十分火爆的“抖音”“微视”等短视频平台进行宣传。江阴图书馆在其暨阳大讲坛五周年之际，推出了一部8分钟左右的宣传片《转角遇到你》发布在优酷视频平台，讲述暨阳大讲坛与市民相识、相知、相伴的成长历程；临沂市图书馆在抖音注册了官方账号，截至2018年9月18日已拥有3.1万的粉丝量，发布202条短视频，获赞27.1万，其中包括讲座现场的直播以及对讲座的宣传。

四、其他宣传途径有哪些

高校图书馆的讲座宣传还包括与学生社团合作。广东惠州学院图书馆于2012年组建了一支学生社团——“书睿之家”，该社团成立后，团队成员想方设法多途径宣传电子资源培训讲座，使得讲座场场座无虚席，同时也提高了馆内电子资源利用率。北京师范大学图书馆“专家讲座”与学生社团联合会合作推出专家讲座，使得讲座现场的上座率有所提高。

进行讲座服务的开放共享。湘潭大学公共管理学院副教授徐军华提出在“互联网+”环境下，可以建立全国省级公共图书馆讲座电子日历，使得讲座活动时时可见，实现各馆公益讲座活动安排的开放共享。例如美国新罕布什尔州立图书馆联合州内其他文化机构开展了一项名为“News Tote”的项目，建立了该州的文化活动日历，通过这一方式进行全州文化活动的共享。

第二节　讲座宣传及报道的五个阶段

一、讲座宣传准备阶段的要点是什么

讲座主题及主讲人选定之后就要开始宣传工作的筹备，准备阶段主

要包括宣传方式的选择和宣传文案、宣传品的设计。由于要给讲座宣传留有足够的周期，准备工作要在更早的时间进行，在讲座前至少一周应当完成各项准备工作。

（一）进行讲座宣传策划，挖掘讲座亮点

讲座宣传的策划包括对宣传渠道、宣传周期、宣传亮点、需要准备的材料、需要对接的合作部门、媒体、宣传平台等各方面的统筹安排。通常一个讲座品牌都有其较为完整的一套宣传流程范式，我们最需要做的除了按照流程完成各项工作，还要对其中灵活变化的部分进行策划，结合本次讲座特点，制订出最优的宣传方案。宣传的策划首先要明确讲座的主题，挖掘讲座亮点。

讲座主题关系到讲座宣传时用来吸引观众的亮点，关系到讲座的受众人群以及讲座可能达到的推广效果。在确定了讲座主题后，普适性较强的主题对于讲座宣传其实更为有利，把握住讲座亮点后更容易吸引更多的听众。而对于一些看起来专业性较强的主题，受众相对较窄，对讲座的宣传就更需要精心策划，挖掘、吸引更多的潜在听众，一方面是在主要的宣传外开展更有针对性的宣传，例如知识产权类的讲座可以面向法学院进行专门的宣传，昆曲、戏剧类讲座可以联络有关的兴趣社团，邀请其成员前来听讲。另一方面就是挖掘主讲人和内容亮点，除了主讲人本身的成就、阅历外，找到讲座内容上与读者日常生活、工作、学习有关的内容，能引起读者好奇心的亮点。从而避免一些听众因讲座主题看起来“艰涩专业”对其“望而却步”。

（二）宣传品和宣传文案的设计制作

宣传品应该至少在讲座的前 5~7 天制作完成，考虑到宣传稿的设

计和审核时间，宣传品设计和制作应该在讲座前三周就开始准备。宣传稿件的主稿件除了需要讲座负责人多次校对，还需在正式制作宣传产品的前2周经由主讲人审核、补充并修改。待主讲人认为没有问题后再进入制作流程，确保其内容的准确性。宣传稿件交由主讲人审核，其方式有电子邮件、平信邮寄后电话修改等。当前更多采用QQ、微信等快捷联系方式。

宣传品的设计在第四章做了具体介绍，本章中主要介绍宣传文案的撰写。宣传文案主要包括发布于图书馆主页宣传、学校官方网站、广播电台或广播站广播预告、校内或地方论坛、电子屏、微信、微博等平台的宣传稿件，报纸、电视、广播的宣传稿件，以及讲座结束后的新闻稿。

上述各类宣传文案的设计各有侧重，其中主页宣传最为详细，也是上述其他宣传文案的基础。宣传工作的核心内容是完成主页宣传，主页宣传做好了，其他的宣传文案均能够从中抽取，当然不同宣传渠道需要的文案内容篇幅也有所不同。文案内容包括讲座主题、时间、地点、参与方式、专家简介（职称、成果、研究领域、与主题有关的个人经历等）和内容简介，除了要求语句通顺、没有错别字外，其语言风格可根据发布的平台进行适当调整。在较为正式的官方网站、新闻媒体发布的宣传文案一般使用较为正式的语言风格，而在海报使用的宣传语、校园论坛、微博、微信等新媒体平台发布宣传使用的文案可以适当使用更为轻松活泼的语言风格。例如上海市普陀区图书馆“苏州河名家讲坛”某期与诗歌相关的讲座宣传就结合了流行的“青蛙旅行”游戏，设计的宣传语是“当你的青蛙踏上旅程，除了收草，你还能读一首小诗，让等待多一份诗意”，从而吸引到很多年轻人的关注。

（三）与相关负责人和媒体的联络

宣传工作的开展离不开馆内各个部门的支持，图书馆主页投放需要系统部的技术支持，电子屏的投放、微信、微博的发布都需要提前与相关负责人沟通，确认宣传材料及投放时间。馆外投放渠道更需提前做好各项沟通对接工作，如果通过报纸、电视、广播方式进行宣传，在讲座方案确定之后，应当第一时间主动联系相关媒体，邀请媒体播报讲座活动信息，提前向公众预告讲座信息，方便读者进行时间的安排。

二、讲座前期的具体宣传措施有哪些

（一）宣传品的投放

讲座宣传准备工作完成后，接下来的工作就是在宣传期投放宣传品。在讲座宣传中不同宣传品需要的投放时间也不相同，主要取决于其传播性和投放的位置，各类宣传品大致的投放位置和时间见表 6-1，具体投放时间可根据本馆情况进行相应调整。

表 6-1　图书馆讲座宣传品的投放位置及时间

宣传品	位置	时间（讲座前）
海报、宣传单页	馆内	5~7 天
海报、易拉宝、喷绘	馆外（社区、教学楼等）	3~5 天
电子屏	馆内、教学楼内	3~5 天
网站宣传	图书馆主页	5~7 天
	其他网站	3~5 天
微信、微博宣传	官方账号	3~5 天
	其他账号	2~3 天
媒体宣传	广播、电视、报纸	结合节目档期和信息刊登安排，尽量在讲座前一周内播报

（二）讲座信息变更的宣传

由于一些特殊原因，例如恶劣天气状况、主讲人时间安排或其他突发事件，可能会发生讲座时间、地点等信息变更导致讲座取消的情况，图书馆一定要有应急措施来处理这些突发事件。一旦出现了讲座信息变更或讲座取消的状况，一定第一时间让听众获知相关信息，及时编辑好变更讲座信息及致歉的文本，尽可能在所有前期发布讲座信息的渠道进行信息变更通知，保证大多数读者能够获取讲座变更或取消的信息，如果一些渠道来不及更新讲座信息，至少保证馆内渠道通知的及时发布。有条件的图书馆可以通过微信群、QQ 群等方式向读者进行信息变更通知，如果有讲座报名信息可通过短信、电话等方式进行通知，也适当建议读者进行人际传播，扩大信息传播范围，尽可能降低由于讲座调整带来的损失。原定讲座当天应在活动地点外设置明显的公告牌，注明讲座信息的调整，如果有条件应在原定时间的讲座现场设置专门的工作人员进行解释和致歉，避免没能及时了解到讲座变更信息并到场的读者浪费过多时间，产生不良情绪。如果是活动当天发生特殊状况导致了讲座取消来不及制作公告牌，图书馆可提前制作一个“取消”的标志牌，并设专人在现场进行解释说明，告知听众具体情况。

讲座信息变更的通知内容应包括变更的原因、变更结果（地点变更到何处、时间调整到何时或讲座取消）以及致歉，内容要简洁明了。例如 2018 年 9 月份受台风天气影响导致南方多地区的图书馆闭馆以及讲座等活动取消，其中深圳少年儿童图书馆就于讲座前三天在官方微信公众号等平台发布了讲座取消通知，内容为“各位读者：因受超强台风‘山竹’的影响，原定于 9 月 16 日周日 15：00—16：00 在多功能厅举办的‘妈宝健康讲座’（主题：宝宝咳嗽止不住，多因家长忽略了这些事）活动预告｜‘妈宝健康讲堂’讲座决定暂时取消，延期举办，具体时间确定后另行通知大家！敬请各位谅解。”

三、讲座现场如何进行宣传

这一阶段的宣传比较简单，因为此时的重点在于本期讲座本身，宣传工作不能喧宾夺主，主要包括讲座开场前的宣传、对讲座的直播和讲座结束时的预告。

首先在讲座开始前会有观众提前入场，这时播放准备好的宣传视频或宣传 PPT 能起到一定的讲座品牌宣传作用，其中的内容可以是对讲座的大致介绍，例如专门制作的讲座品牌宣传片，达到品牌推广作用，主要内容应当有对本次讲座内容、主讲人的介绍，做一个活动预热，让观众再次熟悉本场讲座的大致内容，还可以包括主讲人推荐书目，让对主题感兴趣的读者可以通过阅读推荐书目的方式进一步了解讲座相关内容，达到推广阅读的效果。选择播放的宣传材料要做到一点——“可看性”，时长不宜过长，否则容易使人失去观看兴趣，不要使用过多文字和与读者需要了解的信息无关的内容，把握关键信息，适当使用图片和丰富的色彩来吸引注意。

讲座开始后可以对讲座进行直播，一方面让无法到现场的读者能够不受空间限制收听到讲座内容，另一方面让没有能够提前获知讲座信息的读者也能了解到讲座信息，一些读者在通过直播听讲后可能会对讲座产生新的兴趣，这也是对讲座的一种宣传。具体的直播方式有很多种，例如在微博进行文字或视频直播，在一些直播平台进行视频直播，或是通过抖音等短视频平台直播讲座片段来达到讲座现场宣传的目的。

当讲座进入尾声，主持人进行活动的结束致辞时，除了对整场讲座进行总结陈述，表达对主讲人和现场观众的感谢，还可以进行下期讲座的预告，宣传讲座品牌。

四、如何做好讲座结束后的深度宣传

多数图书馆把讲座宣传的重点放在讲座信息的预告上，在讲座结束后通常只是发布活动新闻稿，忽视了讲座内容的后期宣传，这一点不利于讲座知识传播功能的发挥以及讲座品牌的打造。讲座的结束并不意味着讲座宣传的结束，注重讲座结束后的宣传推广能够为讲座积累人气、促进讲座品牌推广。讲座结束后的宣传主要在于新闻稿或讲座记录的整理发布，为读者提供这场讲座现场内容、观点、现场氛围的回顾，能够再一次对讲座品牌进行推广，有利于讲座的可持续发展。而这种宣传通常有两种形式：即时性的发布和阶段性的发布。

即时性的发布是指在讲座结束后第一时间发布讲座新闻稿或讲座内容观点的总结，新闻稿中应当有对讲座内容的大致介绍，以及讲座中的重要观点、精彩互动，切忌仅仅记录活动的发生而忽视对讲座内容、观点的总结。要保证讲座内容、知识的输出，通过讲座内容质量来吸引读者是更好的可持续性的讲座品牌推广方式。多数图书馆会在讲座结束后在官网发布新闻稿，一些图书馆会整理讲座内容和观点摘要，以及记录讲座精彩现场的照片，并在官方平台发布，例如武汉大学图书馆、复旦大学图书馆等会在官方微信平台发布讲座内容回顾，佛山市图书馆“南风讲坛”、宁波市图书馆“天一讲堂”等图书馆讲座与报刊等媒体合作，设立专版专题进行讲座内容回顾的发布，同时在内容回顾之后附加对下期讲座的预告。当然与报刊合作可能会存在一定的信息滞后，通过官网、微信等网络平台发布更具即时性，且成本较低，但报刊等纸媒更具权威性，对讲座品牌的打造有更好的助推力，因此图书馆应当根据本馆能力和需求选择不同的推广渠道，当然采用多渠道推广能够达到更为理想的效果。除了这种文字式的信息发布，有条件的图书馆可以将讲座录音录像上传至网络平台供读者在线收听播放，如喜马拉雅平台的“首图讲座”定期发布讲座音频、上海图书馆讲座在其官网定期上传讲座视频等。

阶段性的发布是指定期对过去一段时间的讲座内容进行整合发布，制作讲座衍生品，例如每年或每几年对讲座内容进行整理，编纂图书或设计成小册子进行出版印刷，或是将讲座录音、录像等多媒体素材进行加工，刻制成光盘等宣传品。将印制的图书、小册子、光盘等推荐或赠送给馆内读者、其他机关、单位等，巩固本馆已有讲座用户，同时让更多人了解到本馆讲座，从而起到对讲座品牌的宣传作用。制作讲座相关衍生品，进行二次传播，对于讲座品牌的强化和讲座影响力的扩大都有帮助，同时也是维系讲座与主讲嘉宾之间、讲座与读者之间的情感纽带之一。例如山西省图书馆出版《文源讲坛 2015 年上半年讲座精选》《文源讲坛——2016 年讲座精选》，上海图书馆讲座也推出了《上图讲座》，将讲座内容以书籍形式推向社会，获得了更好的宣传效果。

五、宣传效果的评估方式有哪些

《公共图书馆服务发展指南》中提出“图书馆应当定期评估其推广和宣传工作，并确保评估的结果能够成为未来项目规划的参考依据”。宣传效果的好坏最直观的评价标准就是讲座现场上座率的多少，另外图书馆在讲座结束后进行讲座满意度调查时通常会设置这样的题目“您通过何种方式了解到讲座信息?”进而从调查数据中了解到讲座宣传方式的覆盖力度，同时在类似“您认为图书馆讲座目前存在哪些问题?”题目下设置有“宣传方式单一”，或在“讲座需要改善的方面”题目下设有“拓宽讲座宣传渠道、改善宣传方式”等与讲座宣传有关的选项，以获知读者对当前的讲座宣传方式、渠道的满意度情况。这两类主要评估的是读者对宣传效果的知晓渠道和认可程度，还可以考察读者对讲座宣传的接受程度，即对讲座主题、内容、时间、地点等信息的了解程度。此外，在读者调研中可以设计一些调查读者对宣传渠道的偏好及对宣传内容、宣传品更为具体的需求和建议，从而在宣传策划时能够设计更为贴近读者需求的宣传方案，从而达到更好的宣传效果，进一步提升图书馆讲座服务的效果。

第三节　讲座宣传推广策略

一、什么是讲座宣传推广的策略

挖掘内容亮点，做好宣传策划。要做好宣传首先应当明确讲座的主题及讲座的主要受众，进一步完成对讲座宣传的策划，包括内容亮点的挖掘，宣传方式、渠道如何组合发挥作用等。在已有资源的基础上对讲座前期、中期和后期的推广与传播进行全方位的策划，提升传播效果。图书馆要善于挖掘讲座的亮点，抓住这一点进行宣传，吸引读者眼球，达到宣传效果，这是讲座宣传策划的关键所在。要对讲座主题内容、主讲人等信息进行深度挖掘，发现其中对于读者来说最有价值和吸引力的部分，这就是这场讲座的“亮点”，从这一点出发进行讲座的多方位、多形式宣传能达到更好的宣传效果。

拓展宣传渠道和形式，增强宣传的互动性。宣传的目的在于让更多人知道讲座信息，吸引到更多的读者受益于讲座服务。互联网和新媒体技术的快速发展和渗透，大大扩展了宣传的范围、降低了宣传成本，但也带来了信息的爆炸增长，图书馆要积极探索各类宣传渠道和宣传形式，拓展宣传的覆盖广度，同时要注意与读者的互动，借助网络平台的留言、评论功能，鼓励读者主动了解更多讲座内容，拉近与他们的距离，让他们感到自己不只是一个信息的被动接受者。

形成图书馆讲座长效宣传机制，成立专门的宣传部门或组建专业的宣传队伍。为了使每次讲座的宣传能够有条不紊地进行，图书馆应当建立讲座的长效宣传机制，确立相关的规章流程，对宣传的渠道、宣传周期、宣传内容的编辑原则和范本、宣传品制作等各方面工作流程做出详细的规定，让讲座宣传工作有章可依，节省策划时间。同时为了使得宣传更加专业化，图书馆迫切需要组建专门的推广部门或宣传队伍，掌握宣传的理念和方法，提升讲座的宣传效果。

注重讲座后续宣传，加强品牌建设。图书馆讲座品牌的建设对于图书馆讲座的良性发展和宣传具有重要意义，对于图书馆服务的提升也能起到助推作用。同时讲座的宣传工作也能够帮助图书馆讲座的品牌建设，要建立起长效文化活动品牌的建设机制，开展具有连续性、系统性的图书馆讲座，提升讲座服务质量。

积极开展与其他机构的合作。对于高校图书馆来说可以与校内的各类社团、学院等合作开展讲座，借助他们的平台进行讲座宣传，让更多的师生能够知晓讲座信息。对于公共图书馆来说，可以合作的对象有社区、学校、媒体等，与这些机构合作，打造大众讲座品牌，为当地居民提供更好的讲座服务。与媒体的合作可以借助其丰富的媒体资源和专业的宣传来推广讲座信息，进一步扩展讲座传播范围，图书馆可以充分发挥自身的资源和影响力，与其共同打造具有当地特色的公益文化讲座品牌，为公众提供更好的文化服务，同时以合作的方式在一定程度上可以降低媒体宣传成本，上海市图书馆“上图讲座”与电视台、广播电台的合作以及宁波市图书馆“天一讲堂”与《宁波晚报》的合作等都是很好的案例。

二、讲座宣传推广有哪些原则

（一）宣传的目的性与计划性

进行图书馆讲座的宣传时，要明确讲座宣传的目的，在此基础上形成有针对性、可操作的宣传方案。讲座的宣传应当有两方面目的，其一是认知目的，其二是行动目的。认知目的在于让读者获知讲座信息及本讲座品牌的存在，包括引起读者对图书馆讲座的关注，告知读者讲座的内容、时间、地点、主讲人、宣传讲座品牌等。行动目的在于让读者产生参加讲座的兴趣并且付诸行动，包括讲座参与人数的增加，讲座参与人数达到预期数量，讲座宣传平台互动量的提升等。

明确讲座的目的后要制订具体的讲座宣传推广工作计划，要对讲座宣传的整个流程进行统一筹划，对每一个阶段需要做的工作进行细致的分配和布置，这样在开展具体宣传工作时就不容易出现分工不明确、资源浪费或工作疏漏等问题。同时一项比较完整的流程规划能够在图书馆连续性的讲座活动中持续使用，因此结合本馆特点和需求将其制定成为规范化的宣传流程，只需在规程基础上针对每次讲座的特点进行细节上的变动，使得讲座宣传更加规范有序，提高宣传工作开展的效率，并且可以在对工作的总结中不断完善该流程，致力于达到更好的讲座宣传和品牌打造效果。

（二）宣传方式多元化与宣传工作专业化

宣传工作的开展需要提前策划，充分利用馆内外可进行宣传推广的各种渠道，将不同渠道分散的力量进行集中，发挥不同宣传方式的特点和优势，使其宣传效果相互叠加，全方位展开宣传攻势。宣传中可以与其他机构达成合作，进行联合宣传，从而获得更多的潜在用户。尤其是与媒体的合作，充分发挥其专业优势和覆盖广度，能够达到更好的宣传效果。同时对于已有宣传渠道要完善其宣传方式和设计，增强宣传的吸引力。

随着读者对讲座需求的不断提升和讲座业务的不断深化，对讲座宣传工作的要求越来越高，设立专门的宣传队伍和宣传部门已经是大势所趋。图书馆员应当学会利用传播媒体进行讲座的宣传，应当掌握宣传稿和新闻稿的撰写方式，了解媒体运营模式。只有在专业化的运作和团队化的合作下，图书馆才能更好地提升讲座服务质量，打造讲座品牌，促进图书馆讲座的可持续发展。

（三）宣传策划以读者为中心

结合营销理论中“顾客导向”理念来优化图书馆的服务理念，进行宣传策划时尝试站在读者的角度考虑：我作为读者想看到什么样的讲座？什么样的信息对我来说有价值？我会为什么样的宣传海报而驻足？我会点击什么样的微信阅读？有时候看起来过于精深的讲座主题可能会让很多读者“望而却步”，要想达到更好的讲座效果就要以用户为中心，要“接地气”，要重视读者需求，一方面要做好读者调研，了解读者对什么样的主题感兴趣，读者想要听哪些内容的讲座，更偏爱哪类宣传渠道和方式；另一方面试着从读者的角度思考怎样来宣传讲座能够让读者感受到讲座的价值、让读者产生参加讲座的兴趣。以上海市普陀区图书馆“苏州河名家讲坛”为例，某期讲座邀请了上海歌剧院副院长李瑞祥为大家讲授歌剧欣赏的知识。但是作为一家区级馆，该馆的主要读者来自周边社区，歌剧这种阳春白雪的高雅艺术很容易遇冷，因此在前期宣传中特别突出了“带你从零开始欣赏歌剧”“边欣赏演员的现场表演边听李瑞祥为你解析”这样的宣传语，而看到这样的宣传，读者可能会对这种结合现场表演进行解读的形式产生好奇，从而产生参与讲座的兴趣。图书馆讲座更多的是想要实现知识传递功能，因此在宣传的趣味性文案编辑过程中，也不能为了吸引观众一味地制造“噱头”而偏离了讲座内容本身，尤其是高校图书馆要保持讲座的学术性、知识性，宣传内容要兼具学术性和趣味性。

三、讲座宣传推广的注意事项有哪些

（一）讲座宣传内容的编辑

讲座宣传内容的编辑包括文字内容的撰写和图片、音视频内容的选择。

1. 文字内容

讲座宣传文案的撰写要与其选取的宣传渠道相适应，例如考虑到报纸宣传的成本使用字数较少主题明确的宣传文本，微信则可以使用内容较为丰富的宣传文本。

保持政治正确性。任何宣传稿件在撰写时要保持政治敏锐性，在有敏感性或争议性的问题上要把好“政治关”，图书馆作为一个具有文化教育功能的机构，要把握正确的舆论导向，切忌过度调侃敏感信息。

2. 标题的编辑

多数宣传文本的标题直接设置为讲座主题，有时会在主题基础上添加活动类别或讲座名称，例如“［知学讲坛］‘岁月无声三十年’主题分享会”“深图人文讲坛——陈静：自由含义的古今之变”等。这样的标题能够简洁直观地反映讲座主题，但有时可能会因为主题看起来晦涩难懂而失去一些潜在读者。如《知识产权强国战略与青年发展相遇》这样的标题就难以吸引听众。

对于微信宣传来说，标题是吸引读者点击阅读的第一道窗口，多数图书馆将标题设置为讲座主题或“讲座名称+讲座主题”，这样的标题让读者能够对讲座主题一目了然，避免读者摸不着头脑。但如果是比较“专”的主题可能会造成一部分不了解该主题的读者的流失，因而有时可以设置一些有新意、吸引人的标题，适度“标题党”可能达到更好的宣传效果。比如可以使用一些俏皮可爱、比较亲切的话，或者结合网络热点、热词或一些“梗”设计宣传标题，突出口语性、传播性，吸引读者的阅读兴趣，例如武汉大学图书馆讲座微信宣传标题曾结合微博热梗设计为“预告 | 《欧洲中世纪史》了解一下?”，四川大学图书馆在 2017 年 10 月发布的讲座预约微信标题结合了当时的“甜蜜暴击”热点设计为“讲座预约 | 大家好，给大家介绍一下，这是我们新学期的 27 场讲座”，复旦大学图书馆医学馆在 2018 年 9 月 22 日的“理性护肤，谨慎种草——护肤品常见成分讲解 & 秋冬换季护肤使用贴士”讲座预告推送就用了比较亲切俏皮的标题“讲座 | 亲，您有一份美容秘籍，请及时查看”。标题只是吸引读者阅读文章的第一步，读者是否真正会被讲座吸引还是要看讲座的内容是否对他们有价值，让他们有参与兴趣，因而宣传的主体内容模块的编辑对于讲座宣传至关重要。

（二）主体内容模块

讲座宣传的主体内容可以包括引语、讲座基本信息、内容概要、主讲人介绍、推荐书目、注意事项等，根据讲座具体内容和推广的平台进行有选择的编辑。报纸、电视等主流媒体平台，一方面对文字内容要求更高，另一方面成本较高，因此通常需要编辑较为简洁明朗的宣传文本，包括讲座的基本信息即可；用于海报的宣传文本除了讲座基本信息外还可包括讲座内容概要、主讲人介绍和吸引人的宣传语；微信宣传则可以在以上内容的基础上添加讲座主题的背景知识以及相关书目推荐等内容，表现形式也更为丰富。

引语部分是提升读者阅读兴趣的重要模块，当然也可以选择开门见山直接介绍讲座主题、时间和地点。引语部分可以介绍讲座的背景知识、与主题相关的一些有趣的内容，使用轻松活泼的语气或是结合时事热点引出讲座主题，在开篇引起读者对讲座主题的兴趣。讲座基本信息包括讲座的主题、时间、地点、主讲人和参与方式，这部分内容是讲座宣传中必不可少且最重要的部分，务必要保证信息的准确性，参与方式要明确是直接参与还是持有相关证件入场，如果是需要领票入场也要说明领票方式。内容概要是读者在主题外能够了解讲座内容的重要模块，有些讲座主题可能看起来有些“专业化”，这时讲座内容概要就是让读者对其有初步了解的窗口，这部分内容要做到精简但又能很好地概括讲座内容，让读者明确讲座的价值所在。主讲人介绍模块是否设置以及内容多少取决于讲座的性质，图书馆的系列培训讲座通常为长期且周期性的讲座，其主讲人多为大家较为熟悉的馆员，就不再做过多介绍，将重点放在讲座内容上，而专家讲座通常邀请国内外知名人士进行讲授，对主讲人的研究领域和学术成就介绍会相对详细一些。一些图书馆会在微信中添加讲座主题相关的书目推荐，或是专家推荐书目，能起到进一步发挥图书馆阅读推广的作用。

要写好宣传文案的主体内容，需要挖掘内容亮点，找到讲座中最具宣传价值的内容，通过对主讲人和内容亮点的深度挖掘是达到好的宣传效果的重要策略。如果讲座恰好邀请到名人大咖前来主讲，其自身所带的名人效应就是一块活的宣传招牌，当然并不是所有讲座都能这样“好运”，这时就需要展示主讲人的“闪光点”，除了他的身份、成就、领域外，还可挖掘其与主题相关的能让读者产生共鸣的经历，抑或是让读者好奇、想一探究竟的点。关于内容的挖掘也是一样，与读者日常生活、工作、学习相关，或是激起读者好奇心的点比公式化的介绍更吸引人。“香山讲坛”曾举办《中国是如何成为世界人口超级大国的》讲座，由于宣传资料仅包括了讲座题目和主讲人个人简介，一些听众因没有完全了解主题内容认为讲座内容与自己无关、不感兴趣，而在听完讲座后均折服于武汉大学“四大名嘴”之一的李工真教授的演讲，这一案例从侧面体现了宣传亮点被挖掘的重要性。

语言风格的选择。选择不同的宣传渠道，进行讲座宣传适用的语言风格也有所不同，在报纸、电视、官方网站等主流媒体所做的宣传，其语言风格会相对比较正式，而在微信、微博等较为活泼的、有机会与读者产生更多互动的自媒体平台，其语言风格则需要更加轻松活泼，让读者能产生亲切之感。宣传文字内容设计要贴近读者心理，让读者能够明确讲座主要内容，看到讲座的价值所在，但语言尽量不要过于一本正经，在兼具学术性的基础上适当轻松活泼。对于微信文章来说，在文章引语部分使用活泼有趣的语气一定程度上能够引起读者继续阅读的兴趣，但篇幅要控制好，不能喧宾夺主。四川大学图书馆的《吉隆唐碑与“高原丝路”》讲座就设计了十分有趣且具有知识性的讲座宣传引语，见图 6-4、图 6-5。文章开篇图文结合，使用表情包和口语化的表达引起读者思考和兴趣，接着介绍了讲座主题的相关背景，最后以几个与主题相关的问题引出讲座主题，达到了比较好的宣传效果，多所高校图书馆也转载了这篇推文进行该场讲座的宣传，讲座当天，共有近千名听众在线收听了该讲座。

CASHL 名师讲堂第十期丨霍巍教授：吉隆唐碑与“高原丝路”

说到古代中国和印度的往来，你会想到哪些人物？

唐玄奘、法显、义净......

啊，不错，这些都是前往印度求法的高僧啊！

那么，除了僧人求法，还有其他的吗？

比如国际外交？

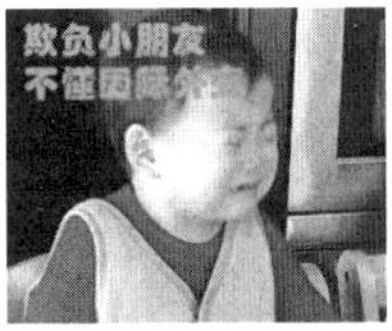

哈哈，不知道了吧！让我告诉你三个字：

王 玄 策！！！

帅是画出来的，但我牛是真心的

这个天才外交家，两《唐书》无传，他自己的著作又亡佚了，仅仅在《法苑珠林》等书中偶尔现身。但我们今天来说王玄策，不仅是因为他在外交上的卓越才能，更因为他在中印交通史上有着非常重要的意义。（接下页）

图 6-4 链接卡片 1——四川大学图书馆《吉隆唐碑与“高原丝路”》讲座宣传微信引语部分（1）

（接上页）

第一次出使印度时，王玄策大约还不到 30 岁，担任的是副使；第二次出使时，就已经是正使的身份了。他前前后后至少三次出使印度（是否去了第四次，史学界尚存争议）。王玄策与此前他的同乡唐玄奘不同，他以惊人的胆魄踏出了一条新的外交官道。

之后，高僧玄照、玄太、道方、道生、玄会诸人西行印度求法，莲花生大师从印度进藏，也都没有再走玄奘的道路，而选择的是王玄策的这条路线。中原的造纸术通过此道，传入了印度；印度的佛教，也经由此道，进入吐蕃地区。

但就是这么一条重要的大唐外交官道，由于史籍的缺载和散佚，给我们留下了众多的谜团，我们甚至不知道它确切的交通走向。

摘自范祥雍《唐代中印交通吐蕃一道考》。其中，大唐至吐蕃的路线十分明确，但吐蕃至尼婆罗的具体路线，则待考订。（霍巍教授供图）

多年来，历史学家和考古学家力图从不同角度来探寻古道遗迹。

直到 1990 年，由四川大学霍巍教授等考古工作者组成的文物普查队，在西藏吉隆发现了题为《大唐天竺使出铭》的摩崖石刻碑铭，一时间成为国内外学者关注的焦点，也就此掀开了高原古道的神秘面纱。

借助这方碑铭，我们仿佛又看到了 1300 多年前蕃尼古道上的车水马龙、商贾行者往来不绝……

西藏吉隆，如今的边境小城，在一千多年前曾有过怎样的荣光？

大唐使臣王玄策生平如何？出使印度的具体时间是何时？从吐蕃至印度，具体的路线是什么？

图 6-5　链接卡片 1——四川大学图书馆《吉隆唐碑与“高原丝路”》讲座宣传微信引语部分（2）

武汉大学图书馆90分钟专题讲座培训预告内容简介也比较贴合大学生心理，不仅讲座内容很符合年轻学生的需求，其内容简介使用的轻松活泼的语气也拉近了与学生读者的距离，见图6-6。

11月30日（周五）18:30-20:00

90分钟教你如何用手机拍大片

主讲人：田野（芥末工作室）陈进（咨询馆员）

地　点：总馆D栋117培训室

内容简介：小视频时代的到来，你out了吗？苦于没有设备？其实你掌中的手机，便是你最应手的利器。教你用手机，将生活拍成大片范，旅行拍成顶级范儿。这一切，全都在你的手机上完成。从此，打造朋友圈爆款不是梦。不仅如此，还带你一窥专业剪辑的操作流程，体验真正的剪辑流程。还不快来？

12月21日（周五）18:30-20:00

动你所想，画随你动，程序猿大招现在就get——iH5零基础课程

主讲人：朱丹（咨询馆员）

地　点：总馆D栋117培训室

内容简介：从动态影集到个人简历，从邀请函到小游戏，无所不能的H5时代来临了，H5已经从几年前的"刷屏神器"逐渐蜕变成一个通用媒体载体。在可预见的未来，不管是手机还是PC甚至是AR、VR和户外大屏幕，内容的主题就是H5,H5开发也从程序员专属技能演变为一项职场必备技能。现在就get！不会程序猿代码又如何，学会H5一样放大招！

图6-6　链接卡片2——武汉大学图书馆微信推文“图书馆2018下半年90分钟专题培训计划”

（三）图片及音视频内容的选择

进行讲座宣传有时会在宣传内容中配有图片、音视频等，常见于宣传海报的图片元素、微信文章的配图、配乐等。图片及音视频内容的选择要做到以下几点：

（1）“图文一致”，即所选图片或音视频内容与文字内容相关，并酌情决定是否添加注释，例如主题为昆曲的讲座搭配昆曲扮相图片，或昆曲表演音视频资料，讲座回顾配图为讲座现场照片或视频片段。

（2）图片色调与海报图、宣传页面整体色调保持相近，统一整体宣传内容的风格，例如微信排版使用的主体色调为蓝色，选择的配图也尽量选择偏蓝或冷色调图片，设计较为文艺的宣传海报时也尽量避免使用过于夸张的图片素材。详见第四章有关设计的内容。

（3）在选择新闻图片时，选择拍摄效果好、能与文字呼应、体现现场效果的照片，不使用过亮或过暗的图片，必须使用的情况下对图片进行简单处理后再使用。

（4）音视频资料不宜过长，避免对读者造成负担，也无法达到理想的宣传辅助效果。

（5）图片及音视频资料选取时要注意版权保护问题，尽量使用没有版权限制的资料，使用时要注意标注来源。

（四）讲座微信宣传排版的小技巧

通过图 6-7 上下两张截图的对比，我们能够更直观地感受到排版的重要性。在这里将与大家分享 6 个微信排版的小技巧。

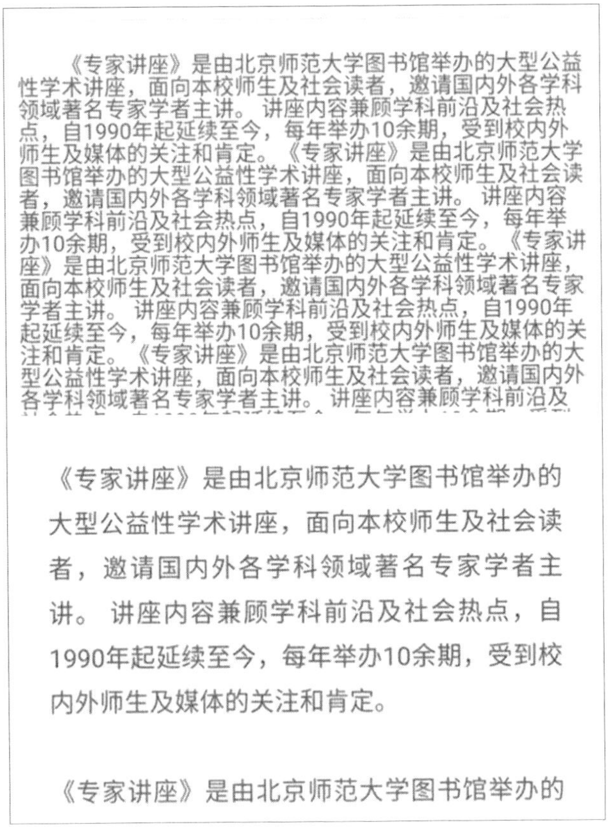

《专家讲座》是由北京师范大学图书馆举办的大型公益性学术讲座，面向本校师生及社会读者，邀请国内外各学科领域著名专家学者主讲。讲座内容兼顾学科前沿及社会热点，自1990年起延续至今，每年举办10余期，受到校内外师生及媒体的关注和肯定。《专家讲座》是由北京师范大学图书馆举办的大型公益性学术讲座，面向本校师生及社会读者，邀请国内外各学科领域著名专家学者主讲。讲座内容兼顾学科前沿及社会热点，自1990年起延续至今，每年举办10余期，受到校内外师生及媒体的关注和肯定。《专家讲座》是由北京师范大学图书馆举办的大型公益性学术讲座，面向本校师生及社会读者，邀请国内外各学科领域著名专家学者主讲。讲座内容兼顾学科前沿及社会热点，自1990年起延续至今，每年举办10余期，受到校内外师生及媒体的关注和肯定。《专家讲座》是由北京师范大学图书馆举办的大型公益性学术讲座，面向本校师生及社会读者，邀请国内外各学科领域著名专家学者主讲。讲座内容兼顾学科前沿及

《专家讲座》是由北京师范大学图书馆举办的大型公益性学术讲座，面向本校师生及社会读者，邀请国内外各学科领域著名专家学者主讲。讲座内容兼顾学科前沿及社会热点，自1990年起延续至今，每年举办10余期，受到校内外师生及媒体的关注和肯定。

《专家讲座》是由北京师范大学图书馆举办的

图 6-7 进行不同排版操作的微信推文手机界面对比图

（上图为 13 号字，不进行分段处理，首行缩进两字符，行间距 1，页边距 0；下图为 15 号字，进行分段处理，使用两端对齐，行间距 1.75，页边距 16）

1. 字号及字体

主体文字选择14号、15号字为宜，标题性或重点文字可选择更大字号、设置其他颜色或进行加粗处理。除了字号也要注意字体的统一，在微信公众号图文编辑页面进行操作时，部分复制粘贴的文字会呈现与其他文字不同的字体，注意进行无格式文本的粘贴。

2. 文章字数

整体的文章篇幅不宜过长，手机滑动3屏以内为宜，当然如果内容优质可以不进行字数控制。每段字数不宜过多，3~5行最宜，如果一段文字过长可对文字进行精简，或选择分段处理，两段之间空一行。也可以选择插入与文字内容相关的图片进行视觉上的分隔，减轻读者的阅读疲劳。

3. 段落格式

由于中文的书写习惯，我们在日常进行文本编辑时通常会在段首缩进两个字符，但是由于手机屏幕宽度限制，在段首空两字符会使页面不太美观，因此建议在进行版面编辑时不再进行首行缩进两字符的操作。

4. 对齐格式及页面留白

使用两端对齐可以避免出现图6-5中的第一种情况，页面留白会让读者在手机查看时视觉观感更好，较为合适的页边距为14~18，16为宜。

5. 排版整体色彩不宜过多

一般来说可以选择与宣传海报色调相近的颜色作为微信版面的主题

颜色。主体文字的颜色以黑色为主，重要文字可使用其他色彩和加大加粗字体。文章配图首先要与内容相关，在此基础上尽量选择与主题颜色类似色调的图片。

6. 套用模板

目前网络上有很多微信排版编辑器可供使用，其中已有的模板不仅样式好看并且套用方便，界面也比较友好，在编辑器处理完成后可复制粘贴到微信公众号图文编辑页面，也可直接授权公众号进行操作。这对于在版面设计和配色等方面感到烦恼的馆员很有帮助，精心设计的页面对于读者来说也会有比较好的观感。使用时需注意复制可能导致模板的变形，可进行适当微调。

第七章 信息技术与讲座服务

信息技术和网络环境的发展，为图书馆和讲座服务的信息发布、过程管理和讲座信息的整理与挖掘，以及讲座资源共享等，提供了越来越方便快捷的技术支持。图书馆可利用微信、微博等信息发布技术，广泛推送讲座信息，还可利用移动网络等现代信息技术发布讲座视频、文字内容，搭建互动交流的渠道，并对讲座资料进行整理，形成图书馆的特色资源库，为读者提供深层次的服务。本章结合国家图书馆、北京师范大学图书馆等应用信息技术管理讲座服务的案例，说明利用专题网站、移动技术管理讲座的要点、技巧和注意事项。

第一节 讲座网站的主要用途是什么

图书馆网站是图书馆连接读者的信息门户，是图书馆对外传播的最重要的窗口，通过图书馆网站发布讲座信息是各类图书馆的共同之处。由于图书馆讲座的灵活性，各个图书馆多是通过主页的“新闻动态”“公告信息”等栏目发布信息。这种方式有很强的及时性，但往往导致讲座信息一闪而过，历史信息不便集中揭示和查询，因此设置“讲座专栏”、尤其是建立讲座专题网站就显得非常必要。

建立讲座专题网站可以大大提高讲座信息的利用率与使用价值，在方便用户利用讲座信息的同时，宣传图书馆讲座服务工作，有力提升讲座服务品牌，促进图书馆讲座信息化管理，更有利于开展讲座信息资源共享，在网站的基础上还可以进一步建立讲座信息库。概括而言，讲座网站的建立主要有以下作用：

一、便于讲座宣传

单次讲座的宣传方式有很多，比如前文提到的张贴讲座预告海报，或在图书馆主页中发布新讲座预告信息，或利用邮件、微信、微博等形式推送讲座预告信息，这类宣传都属于用户被动接受信息。通过建设讲座网站可以集中管理历次讲座信息并发布讲座预告信息，用户可以根据自己的时间安排定期到网站上了解讲座信息，并可以通过订阅方式获得最新的讲座信息。如果讲座有自己的品牌，那么通过讲座网站还可以强化品牌。

二、利于资源共享

随着互联网技术的高速发展，资源与信息共享已越来越成为时代发展的需要和必然，而历次讲座都是由讲座策划人从讲座形式、讲座主题以及邀请专家等诸多方面精心策划的结果，这部分资源作为图书馆的特色资源应该及时得到推广与利用。通过讲座网站建设不仅可以供互联网用户开放共享讲座信息资源，也可以为讲座策划人提供参考。

三、促进用户交流

加强与用户的交流是讲座网站建设中的一个重要方面。通过加强网站建设，提供与用户交流的入口，听取用户的推荐和建议，以此提高讲座网站建设质量和水平。通过网站，用户之间还可以互相推荐某专家的讲座，用户也可以点评讲座、进行留言，还可以针对某讲座进行网上报名以便讲座前预估参加人数等。

第二节　讲座网站建设有哪些原则

一、信息的全面性

讲座是图书馆阅读服务、文化服务工作的重要组成部分，是信息服务工作体系的一部分。不过相对于庞大的图书馆资源，讲座资源所占的比例并不是很大，这样就比较容易集中整理。因此讲座网站应该尽可能完整、详尽地记录各类信息，针对每一次讲座，应该涵盖主讲人的有关档案和资料、讲座全流程产生的所有信息，并对每次讲座的内容予以充分地揭示，保证用户检索信息的全面性。

二、更新的时效性

讲座以热点、难点、知识点来定位，其主题明确、知识性强，尤其是时效性强。因此需要及时将预告信息提供给用户，在宣传讲座的同时供用户选择听取。一旦讲座网站开通，内容需要及时进行维护更新，维护内容包括讲座预告及其变更、讲座配套活动以及其衍生产品，如媒体报道、专家推荐书目等。

三、功能的易用性

在及时提供全面准确的讲座信息基础上，讲座网站应方便用户使用，比如讲座网站应提供分类导航及讲座系列导航，专家姓名 A-Z 导航，以及讲座媒体报道导航，专家推荐书目导航等，当然检索快捷也是衡量讲座网站是否易用的一个重要方面，可以最大限度地方便用户查找与利用讲座信息。

下面主要以国家图书馆讲座预告与在线讲座（以下简称国图讲座）、北京大学图书馆讲座（以下简称北大图书馆讲座）、北京师范大学图书馆专家讲座（以下简称北师大图书馆专家讲座）为例介绍讲座网站的主要内容、检索设置、分类导航、具体讲座显示方式等。

第三节　典型的讲座网站有哪些

一、国图讲座网站

国图讲座是国家图书馆面向社会，面向大众推出的双休日学术文化系列讲座，以国图宏富的馆藏为基础，主讲人或为德高望重、岳峙渊渟的学界前辈，或为风华正茂、学术精到的学术中坚，国内外著名专家学者莅馆开讲，深入浅出地讲授他们毕生研究的菁华，发挥继续教育和社会教育的功能。

在国图网站首页滚动到第二屏，点击右侧预告下方的第一个“讲座”进入的是公益讲座预告页面，见图 7-1，左侧是各专题讲座，如艺术家讲坛、教育家讲坛、文津讲坛、国图讲坛、科学家讲坛……主要页面是九月份的讲座预告，揭示内容有讲座系列、讲座题名、主讲人简介、讲座时间、讲座地点与联系电话。点击左侧的各类讲座导航，有些是讲座预告，有些并没有数据，有些是回顾数据。

点击国家图书馆首页中的在线讲座进入的页面见图 7-2，右上方是

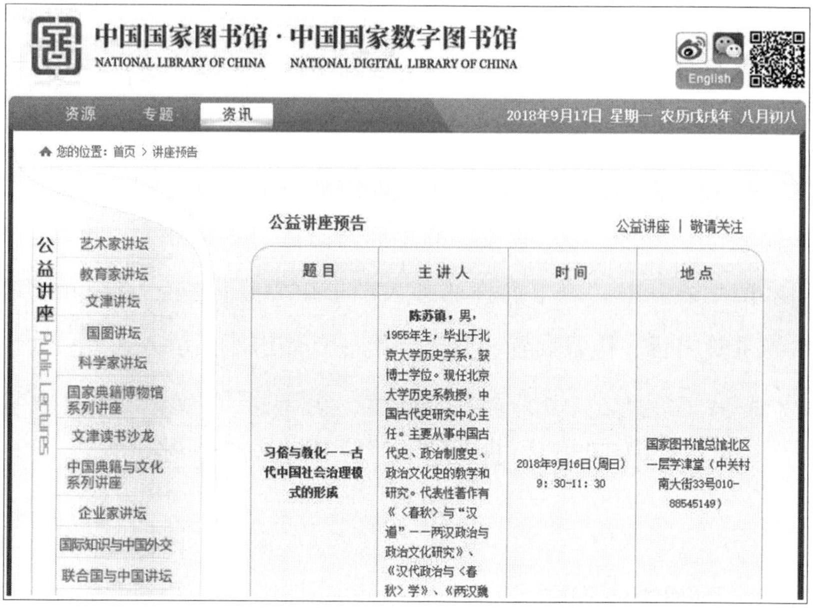

图 7-1 国家图书馆讲座预告页面

检索框，可以根据讲座名称、主讲人、讲座时间、讲座地点、讲座类别、主讲人简介、关键词、组织单位、讲座摘要分别进行检索，检索框下方是在线讲座的介绍。在线讲座主要分三个专题：文津讲坛（共 496 条记录）、中国典籍与文化系列讲座（共 51 条记录）、其他（共 735 条记录）。

在讲座详细页面中，右上角是检索框，左侧利用 Microsoft Windows Media Player 直接播放讲座视频，充分体现了讲座的公益性，视频没有限制观看范围，观看比较流畅。在讲座详细页面的右侧，详细揭示了讲座的十个方面内容，见图 7-3，图 7-4 为国图在线讲座页面详细。

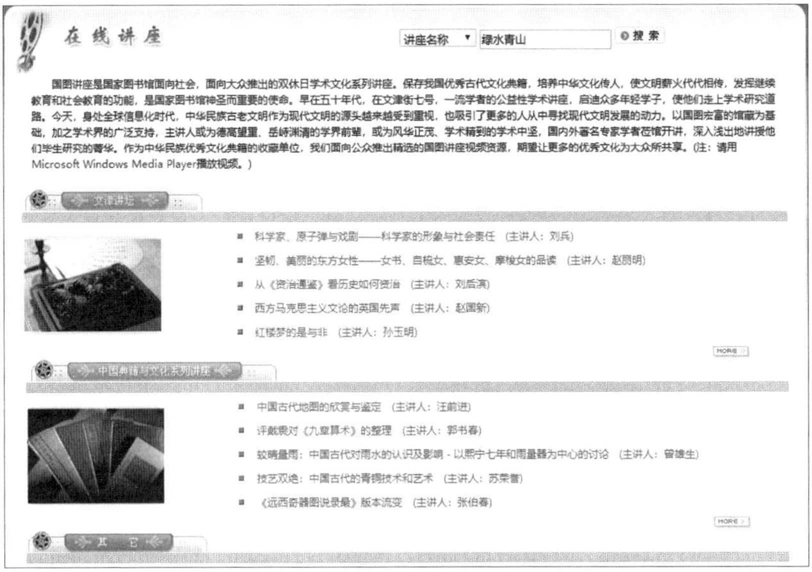

图 7-2　国家图书馆在线讲座页面

图 7-3　国家图书馆在线讲座某讲座详细页面

图 7-4　国家图书馆在线讲座检索页面

二、北大图书馆讲座网站

北京大学图书馆将 5 万余件光盘、5 万余小时视频节目和课程、9 万余套试题试卷、数十万张艺术图片整合到多媒体资源新平台，其中包括讲座资源。

从北京大学图书馆首页“资源”的二级栏目“北大讲座”，进入北京大学图书馆多媒体资源服务平台，该平台整合了讲座、电影、音乐、戏剧、课程参考、分馆资源，见图 7-5。

在上方有搜索框，我们试着检索了一下“生物学”，发现此检索词同时在题名、主办单位、报告简介中进行了检索，检索结果可以按相关性、点播数、下载数、浏览数、评论数、收藏数、添加时间、举办日期进行正序或倒序排序。

在讲座页面右侧有不同的分类的导航，可以按语种、学科、专题进行浏览。其中的语种和学科应该是汇总了讲座、电影、音乐、戏剧、课

图 7-5 北京大学图书馆多媒体资源服务平台中的讲座资源

程参考而给出的综合性导航。

从语种可以看出讲座比较广泛，仅语种处有记录的有俄语、韩语、英语、法语、日语、汉语、德语、拉丁语、波兰语、阿拉伯语、意大利语、西班牙语和其他小语种，以汉语和英语居多，有一些语种没有数据，如缅甸语、蒙古语、印尼语、越南语、广东话、瑞典语等，应该是其他资源的语种分类。

检索发现，通过首页蓝色资源导航栏（图 7-6）中的“讲座”进入讲座页面，共有 6916 条记录，大于“北大讲座”的范围，原来此处的讲座包含很多专题的讲座，“北大讲座”是其中之一，所含讲座数量是最多的。

从讲座专题中可以看出北大讲座包含名家、名牌、专题等，无论从数量还是专题来看讲座内容都比较丰富，包括北大讲座、世纪大讲堂、

图 7-6 北京大学图书馆多媒体资源服务平台资源导航栏

中华传统文化、燕园韶华、幸福学堂和地球与人类文明等 20 余个专题。

从讲座举办日期倒序中可以看出北大讲座最新举办日期是 2018-07-30（访问日期是 2018-09-17），尚没有发现讲座预告记录。讲座提供视频服务，但需要用校园卡号和密码登录才能观看。

三、北师大图书馆专家讲座网站

北师大图书馆专家讲座始于 1990 年，是由北京师范大学图书馆举办的大型公益性学术讲座，面向本校师生及社会读者，邀请国内外各学科领域著名专家学者主讲。讲座内容兼顾学科前沿及社会热点，延续至今共举办 380 余场讲座，本节简称专家讲座。

从图书馆主页来看，专家讲座包含在图书馆首页的“服务”菜单的“信息素养”中，从图书馆网站角度看是一个“栏目”。点击进入专家讲座“栏目”后，则呈现出一个相对完整的专家讲座网站，其首页见图 7-7。首先是讲座简单的介绍，讲座地点、讲座时间、联系方式放在简介下方醒目的位置。然后是专家讲座的分类导航，从分类上可以看出专家讲座涉及很多学科。对于五个讲座系列进行了导航，可以点击浏览相关讲座。对专家讲座衍生信息也进行了揭示，有“专家讲座媒体声音”“专家推荐书目”。检索框可以根据讲座名称、专家姓名、主讲人简介、内容提要进行所有讲座的一站式检索。最下方是所有记录列表，以讲座时间倒序排列，第一条记录是讲座预告。专家讲座首页主要揭示讲座题目、专家姓名、讲座时间与点击次数。

图 7-7 北京师范大学图书馆专家讲座首页

点击某一讲座进入详细页面见图 7-8，最上方提示的是讲座系列名称，如图所示是“院士系列”，在右侧醒目位置放了专家照片，让用户对专家先有个直观认识，在突出讲座题目、专家姓名基础上，强调显示了讲座日期、讲座地点、主办单位、合办单位这几项内容，体现讲座预告的首要内容。在这几项内容下方有几个按钮，其中“我要参加”与“我听了觉得很赞”是用来计数的，“我要留言”可以就此讲座进行用户留言、提出建议与意见等，如果用户留下 E-mail，讲座策划人会及时回复，而“我的推荐”可以推荐讲座专家和写明推荐原因供策划人参考。在按钮下方是“主讲人简介”，主要对讲座专家的社会任职、学术经历、学术成果、研究领域进行简要介绍，“内容提要”简介了讲座内容，均是讲座策划人精心组织的文字。下方有关于阅读护照和讲座地点入口的温馨提示，其中的讲座入口用图示的方式给予说明，比起文字说明更加清晰直观，一目了然，在页面最下方有此讲座的浏览次数统计，并且有专家推荐书目链接，还给出了几种分享的方式，如新浪微博、腾讯微博、微信、QQ 空间等。

图 7-8　北京师范大学图书馆专家讲座预告

如果是已经进行过的讲座，讲座详细页面会多关联几个按钮，“讲座海报”可以查看讲座在各地张贴的实体宣传的海报，“新闻报导”则链接到此讲座在各媒体上的报道，“推荐书目”是指此讲座专家推荐的阅读书目，讲座时会建议专家推荐 3~5 种书目，以便听众深入阅读，见图 7-9。

经过十余年的建设，北京师范大学图书馆的专家讲座网站，已逐步成为一个特色数据库，其功能集信息发布、讲座宣传、讲座信息保存、浏览和检索以及讲座拓展服务于一体。读者通过这个网站既能了解最新

图 7-9 北京师范大学图书馆专家讲座回顾

讲座动态，又能获取讲座历史信息，还能通过讲座分类、讲座系列、专家姓名等便捷的检索功能，查询所需信息，另外还可以根据网页链接的专家推荐书目网页，获取专家推荐书目的馆藏信息，进行拓展阅读，强化对讲座主题的学习和研究。专家讲座数据库关联图如图 7-10。

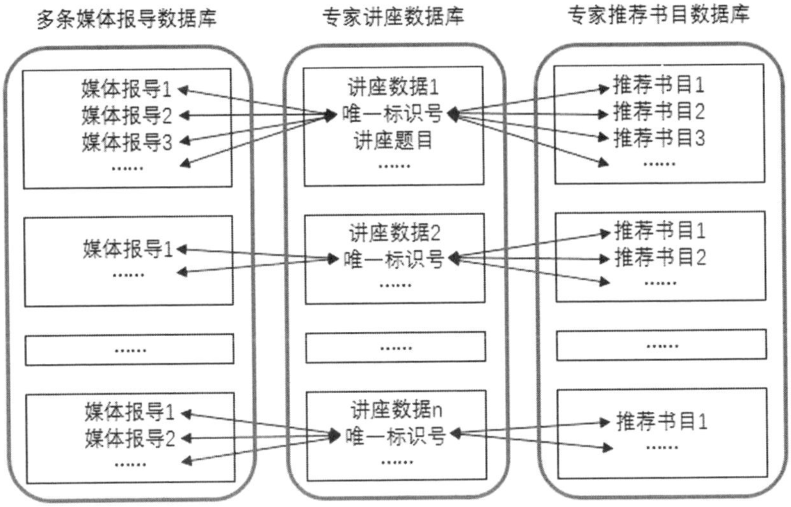

图 7-10 北京师范大学图书馆专家讲座数据库关联图

除了上述代表性的图书馆讲座网站，南京师范大学图书馆主页的“敬文讲坛”栏目在信息发布、讲座音频在线试听服务方面也颇具特色，值得借鉴。

第四节 如何应用移动技术管理讲座

图书馆一直密切跟踪新技术的发展，及时地将新技术应用于图书馆的服务。从第十四次与第十五次全国国民阅读调查报告中的统计中可以看出，我国成年国民利用移动设备进行数字化阅读的比例较前一年都有增长。移动技术的发展不仅促进了数字化阅读方式的产生与发展，也促进了图书馆移动服务的迅速发展。如果在微信中搜索图书馆的公众号，可以看到很多公共图书馆、大学图书馆等都开通了带有“图书馆”字样的微信公众号。与传统服务相比，移动服务有其显著的优势。

一、移动服务的优势

（一）能拉近图书馆和用户的距离

没有智能手机与移动设备的时代，如果用户想查图书馆讲座信息，需要使用电脑找到图书馆网站或收藏的链接，再进入相关讲座网站去浏览与检索信息，或者通过收取邮件去查看图书馆推送的各种信息，进而找到讲座信息。而现在通过手机就可以方便实现，只要关注感兴趣的公众号，无论用户身在哪儿，图书馆的新消息都会即时推送到用户移动设备中，如果用户没有进行点击浏览，公众号右上角的红圆点会随时提醒用户有新的消息。

（二）能提供方便快捷的移动服务

移动图书馆提供基础的书刊检索，用户可以随时通过手机、pad 等移动设备在线检索并获取所需的电子图书、期刊的全文，轻松实现随时订阅专题、查看专题、管理和记录笔记等功能。不少图书馆还利用移动图书馆提供座位预约、讲座信息推送、留言、收藏等功能，用户还可以随时随地收到图书馆各类如续借、预约、催还的通知。移动信息服务在图书馆的应用使用户的学习科研、与图书馆的沟通更加方便快捷。公益性学术讲座信息尤其希望在举办讲座前得到最广泛的宣传，移动服务具有方便快捷的推送功能，可以轻松做到这一点，达到宣传效果的最大化。

（三）可实现真正的个性化服务

图书馆举办的讲座内容会根据学校特点涉及很多学科的热点和前沿话题，用户不可能都感兴趣，因此需要根据用户的学科背景或研究领域推荐相关的讲座内容，用户通过移动终端登录一次后基本上是默认登录信息的，因此比较容易获取用户利用图书馆资源以及讲座资源的情况。2010 年有一份关于中国科学院研究生用户移动信息需求的调研，237 位参与调研的研究生中，有 95 位（40%）对相关服务表示期待，如希望通过客户端自动记录自己的浏览行为来推荐相应图书，通过自己提供的用户信息来获得推荐服务等。由于图书馆资源的异构性，很难做到统一检索与发现，但基于讲座数据比较容易实现根据用户的浏览记录推送相关学科或相关关键词的讲座内容，从而实现真正意义上的精准化的个性化信息服务，进而引导用户更好地利用和信赖讲座资源。

二、移动服务主要方式

移动服务具有便携性、实时性、移动性和互动性等特点和优势，在图书馆推进阅读推广、提升国民阅读质量等方面具有重要作用。用户已经很习惯在碎片时间里面查看手机里面的各类信息，在用户急需查阅一个点的资料的情况下，利用图书馆移动服务进行在线检索资源、浏览全文、获取图书馆其他相关信息，已逐渐成为趋势，因此利用移动相关技术提供移动服务已经成为图书馆开展信息服务的一项重要手段。

日本富士山大学图书馆早在2000年开发出了短信息服务，用户通过I-mode移动互联网，可以获得图书查询、预约、借阅等基础功能服务，是全球较早利用移动技术提供图书馆服务的机构。早期的手机图书馆服务模式主要集中在利用短信息实现图书预约、查询、续借、催还等服务。

随着移动技术的不断发展，图书馆开始提供WAP服务，国家图书馆2008年推出了集短信服务、WAP网站、国图漫游、手机阅读等服务的移动数字图书馆。总的来说，图书馆提供移动服务的方式主要有WAP服务、APP服务、微信公众平台服务等，这三种方式也是图书馆移动服务发展过程的典型方式。

（一）WAP服务

无线应用协议WAP（Wireless Application Protocol）于1998年初公布，是简化了的无线Internet协议，向移动终端提供互联网内容和先进增值服务的全球统一的开放式协议标准。图书馆提供WAP服务就是使读者能够通过手机访问WAP网站达到利用图书馆相关服务的目的，通过WAP网站图书馆为读者提供超越时空限制的移动信息服务。

2012 年一篇综述总结了当时图书馆 WAP 服务开通情况：湖南理工学院于 2006 年 7 月开通了 WAP 服务，据悉是国内第一家开通 WAP 手机服务的图书馆；上海图书馆提供的移动服务最为丰富，包含了其他国内图书馆没有涉及的阅读器外借、电子书手机阅读、二维码、个人图书馆等服务；北京大学图书馆的 3G 移动图书馆技术最为先进，实现了数字文献资源的统一检索和全文阅读；国家图书馆在移动资源的丰富性方面尤为突出，提供的资源有 20 余种报纸和 1 000 余种图书。

图书馆提供的 WAP 服务的特点在于用户不需要进行下载与安装，可以直接通过具有上网功能的移动设备的浏览器使用图书馆的服务，并且用户本身不需要进行更新升级等工作。2014 年一项有关“985”高校图书馆的 WAP 网站调研表明，受调查的图书馆全部提供了馆藏资源检索服务；其中 31 所高校图书馆设置了外借排行榜、新书通报、热门图书、热门推荐、系统推荐、热门评价、读者荐购等栏目；其中 27 所高校图书馆设置了通知公告、资源动态、报告讲座、培训活动等栏目；其中有 8 所高校图书馆分别在 WAP 主页的显著位置，保留了“讲座信息”栏目，这里的讲座信息包括图书馆资源利用培训讲座，也包括图书馆主办的公益性学术讲座。

（二）APP 服务

APP 是 application 的缩写，是安装在智能手机上的第三方应用程序，不同的手机系统有其相应的 APP。我国高校移动图书馆的 APP 服务主要有信息查询、信息公告、在线阅读、预约续借等功能。

APP 建设模式统计结果表明，商业化移动图书馆 APP（书生、超星为主）是图书馆 APP 建设的主流模式。以下以超星学习通 APP（简称学习通 APP）为例进行功能简要介绍：学习通 APP 为用户提供包括图书、期刊、报纸、讲座、视频、课程、学位论文等各类电子资源。用户登录学习通 APP 后可以进行所在馆的藏书借阅查询、电子资源搜索下载、最新信息浏览，学校专业课程学习等。还可以构建自己的学术书房，对资源进行管理，进行退订、移动、转发和删除等操作，并记录自己的阅读感受、创建自己的专题，学习通 APP 还提供了虚拟的学习空间，通过加入和创建小组，用户在其中可以进行学习、研究、讨论，实现快速的学术信息传播和共享交流。研究表明，约 96%的国内高校图书馆 APP 服务系统都采用购买商业化产品的方式，由软件商进行 APP 服务系统的构建、设计、研发和维护，并且图书馆 APP 只是对图书馆 Web 网站功能的移植。如学习通 APP 需在 APP 的用户列表中选取所在学校并使用借阅证登录后使用，如选择其他学校用户，也可以通过取消“登录”信息提示框后进入，但看到的界面都是一致的，仅在界面上方显示不同的学校与用户名称。因为没有针对具体图书馆的需求进行设计，没有体现各图书馆的服务特色和资源优势，实现个性化信息服务的需求没有得到较好地实现。

学习通 APP 中的“讲座”资源是一个有特色的资源，主要来源于“学术视频”，并加工成“专题”形式的那一部分，位置比较醒目。“讲座”对这些资源做了学科分类、导航和整理工作，用户可以对讲座资源进行收藏、转发、评论、评分和加标签等，为图书馆用户搭建了学习与讨论的虚拟环境，北京师范大学图书馆等高校图书馆也利用学习通 APP 进行本馆讲座信息的发布。

（三）微信服务

微信也是 APP 中的一种，此处所说的微信服务是通过微信公众号或订阅号进行移动服务。据第十五次全国国民阅读调查报告的统计，成年国民人均每天微信阅读时长为27.02分钟，这一数字还在增长，这些数据说明近些年人们的生活与学习越来越离不开微信，也越来越依赖微信进行阅读与社交活动。艾媒数据统计也说明了这一点：2018年7月移动应用APP 1 000强名单前十名分别为微信、QQ、支付宝、腾讯视频、优酷、搜狗输入法、淘宝、爱奇艺视频、新浪微博和百度，微信稳居榜首。

这些统计数据也促使图书馆加大力度利用微信进行移动服务。2018年的一项调查表明，在39个“985”高校图书馆中有36个开通了微信公众号，可见“985”高校图书馆普遍重视基于微信公众号的移动服务平台建设，并且订阅号明显多于服务号。订阅号具有更强的主动信息发布功能。图书馆微信公众号最注重的主题依次为“服务”“我的”“资源”“动态”，二级栏目中设有讲座的有7家，是一级栏目动态信息的一部分。南京大学图书馆的一项调查结果显示，微信逐步成为南京大学图书馆与用户沟通的主要渠道，在2014年图书馆知识讲座的现场调查中，用户获得讲座通知的渠道接近70%来源于图书馆官方微信，说明微信的宣传效应超过了以往任何一种网络渠道，包括图书馆主页、BBS、邮件推送和微博。

三、移动服务应用要点

不论WAP、APP、微信，都是利用移动设备进行的。时至今日，移动设备的发展已经足以让用户流畅地调出所需页面，随着用户使用移动网络成本的降低，速度与流量问题已经不是用户使用移动服务的障碍。上述的调查和事实表明，图书馆虽然重视利用移动技术提供图书馆移动服务，但是在讲座信息服务上做得还不够。在进行讲座信息移动服务上应该重点考虑以下因素：

（一）首页设计

首先是如何设计首页，因手机屏幕有限，不可能把所有信息罗列上去，并且全部以文字为主肯定比较单调，最好有些意义明确的缩略图片，如果有视频，优先显示视频链接，可以在讲座首页直接点击到视频播放器听取某讲座，点击题目查看讲座具体信息，对于讲座预告信息要突出显示，此外页面应该限制在一个移动终端屏幕所能容纳的范围内。

（二）导航设置

无论是什么性质的网络服务，良好的内容导航可以使用户获得良好的体验效果。导航可以使用户轻松找到自己需要的信息，在浏览信息过程中既能方便退回上一步也可以到任一中间的环节。在讲座内容导航中需要简化网站版的导航内容，把最需要推送到用户的内容放上去，在导航基础上最好提供简要的检索框，可以根据题目、专家姓名或关键词进行检索。

（三）内容简化

标题要一目了然，移动服务的讲座介绍内容不同于网站上的讲座内容，需要体现重点内容。如果是预告，重点突出讲座题目、讲座专家、讲座时间、讲座地点、讲座简要内容再加上分享功能。如果是已经举办过的讲座，用户浏览时重点突出讲座全文链接、参与人次、专家推荐书目、讲座报道情况，还提供讲座图片精选、音频和视频资源精选片段等供读者等欣赏。

（四）发布层次醒目

同讲座网站建设一样，移动服务中的讲座信息需要在移动图书馆的醒目位置进行揭示，最好在二级菜单以内展示，方便用户找到讲座入口，否则会大大减少讲座移动服务的利用率。

（五）一次性维护

为了扩大讲座宣传效果，一场讲座预告需要及时推送到讲座网站、图书馆最新消息、官方微信、学校消息、邮箱、BBS等，如果每个推送都需要重新进行内容设计，策划人维护量太大，最好基于同一个数据库，一次提交全部信息，设计不同的显示模板，从已经提交的讲座信息中抽取需要的内容进行不同的推送，这样在维护时只需维护数据库信息。

第八章 图书馆讲座的发展策略

经过几十年的发展，尤其是21世纪的快速发展，无论是公共图书馆的公益讲座还是高校图书馆的学术文化讲座，都取得了显著的成效，图书馆讲座工作都达到一定水平。但是，就目前的讲座实践来看，各类图书馆的讲座都面临着如何保持现有水平以及如何持续提高，实现图书馆讲座工作的可持续发展这样的困境和难题。宏观上来看，每个图书馆的讲座如何形成特色品牌，避免同质化是最突出问题。从微观角度来看，每个图书馆讲座存在着选题策划能力还不够强、主讲专家资源比较欠缺，特别是经费普遍不足，还有大多数图书馆，尤其是高校图书馆尚未建立专门的业务机构，也缺少专门的团队或者讲座专业队伍相对薄弱等问题，这些都是制约图书馆讲座可持续发展的因素。本章根据这些问题，结合图书馆讲座的科学管理要点，为图书馆讲座的可持续发展在理念和具体策略上提供一些建议。

一、科学管理是讲座发展的第一要务

随着图书馆讲座业务的发展，如何科学管理讲座是讲座可持续发展的关键因素。任何一个组织的运作效率最终都取决于其管理水平。图书馆作为一个公益性较强的社会组织，其管理水平和服务效率直接影响公众对图书馆的价值认同，关系图书馆的命运前途。为此，各类图书馆在不断加强馆藏设施等服务和大幅提升硬件建设的同时，也十分注重管理水平的提升，期望通过科学高效的管理来达到图书馆各资源要素效用的最大化。图书馆讲座作为一个图书馆业务的组成部分，管理实践与图书馆管理密不可分。图书馆讲座要保持可持续发展，必须建立科学的管理与服务理念。而科学发展观的核心就是以人为本。

二、以人为本的工作理念

树立图书馆讲座以人为本的理念。讲座工作中的“人”涉及读者、主讲专家和讲座馆员，坚持以人为本，就是坚持以读者和主讲专家为本、坚持以图书馆员为本。坚持以读者为本，就是要及时把握读者知识需求的脉搏，不断了解核心读者群的心声，定期调查读者对图书馆讲座的意见，不断培养图书馆讲座的忠实听众。坚持以主讲专家为本，就是要最大限度地调动主讲人的创造力和积极性、主动性，充分尊重主讲专家的个性与习惯，尊重其知识产权，为主讲专家提供个性化服务。坚持以图书馆员为本，注重讲座馆员的全面发展，为讲座馆员创造职业生涯发展的路径和平台，注重培养讲座所需要的各类人才，保证讲座需求的各类人员“角色”都能得到保证。

三、知识产权保护理念

尊重知识产权是以人为本理念的体现。图书馆讲座邀请的社会各界专家参与的讲座，均为他们的知识创造，必须得到尊重和保护，无论是录音、录像、拍摄、复制、直播或者网上传播，以及后续的加工制作、印刷出版等，都应尊重主讲人的合法权益。为了体现图书馆讲座公益性，让讲座内容在更大范围内进行知识共享，促进讲座资源的二次与多次传播，不论是哪一类型的图书馆讲座，应当与主讲专家在事先签订相关的知识产权协议书，明确规定双方的权益与义务。另外，在保护主讲人知识产权的同时，图书馆也要重视对于自身讲座品牌的保护，因为在图书馆讲座持续发展过程中所形成的讲座品牌，融入了本馆的文化理念和本地的文化内涵，使得讲座成为图书馆的“形象代言人”。比如上海图书馆讲座在上海图书馆文化建设中形成了其精神文化的系列，多年来着力品牌建设，不断提升讲座的美誉度、影响力和辐射力，为此，将“上图讲座”进行了注册，以保护品牌的商标权。而绝大多数图书馆对讲座品牌的知识产权保护还缺少足够的重视，法律意识还比较淡薄。

四、必要的机制和资金

前文不止一次提到，图书馆讲座工作是一项涉及众多层面的综合性业务，为了讲座工作的持续发挥，设立专门的讲座业务机制、建立工作团队，专职从事讲座、组织和实施，并对讲座进行统筹规划，这些都很有必要。

设立专门的讲座机制有利于品牌的打造和培育。有专门的馆员从事讲座工作，能够保证讲座工作的连续性和专一性，有利于深入研究本馆讲座的工作规律，把握讲座工作的实质，推动讲座工作可持续发展，有利于加强讲座的管理，促进讲座工作规范化、专业化。有利于发挥团队的力量和创新精神，形成合力。但是，由于公共图书馆和高校图书馆组织机构不尽相同，且我国成千上万所各级各类图书馆的讲座业务发展有较大差异，机构和人员设置、讲座运行机制各有特点，必须根据各馆实际合理配置人员、合理设置岗位，选择合适的、具有不同专业背景的馆员，专职负责讲座的策划、组织和实施等，最大限度地发挥每个人的潜能。比如国家图书馆设有社会教育部讲座组，有数名馆员负责学术讲座的前期策划、组织宣传和后期产品开发以及阅读推广等。再如上海图书馆于 1997 年成立了会展业务中心，其中包括两个部门和一个讲座中心，专门的讲座工作团队实行系列负责制。国家图书馆和上海图书馆讲座取得的成效和影响，充分说明设立专门的业务机制从事讲座工作，有利于讲座的持续发展和讲座品牌的打造。

落实到讲座实际工作中，就是图书馆中要有专门的部门和人员来从事讲座业务。讲座是一项对馆员素质要求较高的工作，涉及诸多方面和诸多环节的工作，而每一个环节都需要从事讲座的工作人员逐一落实，因此，建设一支高素质的团队非常重要。除了组建图书馆讲座团队，还必须确保资金，图书馆讲座业务要获得持续发展，必须在人员与资金方面予以保证，否则难以为继。

五、规范的工作流程

图书馆各项工作对规范化、标准化的要求很高，讲座业务也不例外。高品质的讲座来自严谨、高效的运行机制和工作流程的规范，对于讲座工作更是如此。建立讲座服务规范，进行规范化管理是实现讲座科学管理持续发展的必然要求。

讲座业务的规范化客观地存在于讲座工作的全流程，只有各项工作规范有序，才能形成高效协调、主次有别的工作流程和标准，才能使讲座工作按照各馆的定位稳步发展，保持一贯的水准和声望，也才能使各项工作顺利衔接，更加科学、合理、有序。具体而言，讲座工作规范的内容包括讲座流程规范、服务规范。讲座流程规范首先要突出讲座工作内容流程的操作规范，即从讲座的选题、策划联系主讲人、宣传品设计、信息发布、讲座现场管理与服务反馈，信息收集与整理，一直到衍生品生产等等，均按照科学规范的工作流程运作，具体内容在策划、组织和品牌设计等章节有所涉及，在此不再赘述。只有这样，讲座品牌才能屹立不倒。如上海图书馆制定了与讲座有关的详细工作细则，有“上图讲座岗位管理规范”和“上图讲座文明服务公约”等，实行了讲座的规范化和专业化管理。还有南京图书馆的讲座实行项目负责制，对讲座进行统一的业务规范管理，制定了一系列的讲座流程规范，诸如“讲座嘉宾邀请原则”“主持人规范”“安全应急预案”等工作规范和规章。首都图书馆制定了首都图书馆“读者活动举办守则”“宣传策划部读者服务规定”等，这些规范和制度是讲座工作按照规范的模式顺畅运行的保证。相比较而言，高校图书馆讲座制度化、规范化建设还存在较大差距，笔者所在的北京师范大学图书馆“专家讲座”尽管举办近三十年，但是迄今为止，也只有一份可参考的非正式的工作手册，距离规范化和标准化尚有较大的差距。在这方面，阅读与心理健康委员会组织翻译的“美国国家艺术基金会（NEA）‘大阅读’项目预算指南”和“一书一社区”操作指南两篇文章非常具有参考价值，其详细的操作步骤、必要的文档模板和人性化的工具包，堪称精细化管理、标准化运作的典范。

六、持续的创新精神

当前，在全民阅读和大力弘扬中华优秀传统文化的精神指导下，全国公共图书馆和高校图书馆的讲座业务蓬勃发展，成为图书馆服务的增长点和主流，同时也是图书馆服务创新的重要议题。无论公共图书馆和高校图书馆，都必须着力于图书馆讲座的理念创新、内容创新、技术创新和机制创新等。在此着重以高校图书馆为例，探讨讲座工作创新的几个要点。

高校图书馆在培养青年学生全面发展，建设校园文化，传播先进思想等方面具有重要作用，体现着高等教育中通识教育的思想。我国高校图书馆应充分发挥自身优势，创新服务理念，大力开展学术文化讲座，将其融入大学通识教育的实践中，成为大学通识教育的重要阵地。高校图书馆的服务对象、服务需求都对讲座内容的深度与广度有着很高的要求。因此，高校图书馆在开展学术文化讲座的实践中，必须开拓思路，进行馆内馆外多维度的协作与创新。在充分利用本馆馆藏、阅读空间基础上，主动搭建信息交流平台，拓展讲座形式，延伸服务内涵，为全校师生提供丰富多样的学术文化讲座服务。

（一）组织形式创新

在讲座组织的工作模式上，高校图书馆必须打破本馆、本校资源的局限，整合社会力量，汇集优质资源，广泛邀请国内外各个领域的专家学者、名人和校友，开展学术文化讲座，从多学科角度、国际化视野丰富讲座内容，提升讲座的知名度和品质感，深化讲座服务水平，优化读者服务质量。

（二）宣传推广创新

在宣传推广方面，图书馆应强化一场讲座、多种传播、多屏互动的创新思路。通过学校和图书馆主页、微信公众号、所有可用的电子屏、宣传栏以及各种尺寸的海报等多种媒介平台，逐步形成一条龙式的多渠道、立体化和全覆盖的传播方式，将讲座信息便捷高效准确地推送至目标人群，让更多的读者易于发现和获取这些重要信息。在讲座过程中，高校图书馆应充分利用网络、社交工具等新媒体技术的功能，使读者在讲座中能及时地分享、评论和发表个人感想等，以增强知识交流与分享，并能使图书馆了解读者的期望、建议与意见。在讲座结束之后，图书馆应对讲座资料进行数字化加工，通过建立网站与专题数据库，录制音视频等方式，将这些资源转变成数字化馆藏，促进知识的保存与发现，这样既丰富了图书馆的馆藏形式与内容，也使得图书馆知识服务的内涵得到拓展与创新，使图书馆创新型知识服务和知识交流模式产生广泛持久的影响。

（三）管理模式创新与共建共享

在讲座管理模式上，扩大与学校相关管理部门，如教务处、学生社团以及学院系所等单位协同合作，将学术文化讲座纳入学校的文化素质教育课程中，成为践行学校通识教育理念的重要组成部分。比如清华大学的“学在清华·真人图书馆”系列讲座。

共建共享是全球图书馆界一贯倡导的理念，而且在文献资源建设、馆际互借和文献传递服务领域取得了卓越的成效。以合作促发展的理念，早已深入图书馆事业发展的各个阶段。在新的时代背景下，加强图书馆讲座工作的合作，是讲座持续发展的创新之路和必由之路。讲座工作共建共享的途径主要是强化讲座联盟和整合讲座资源。公共图书馆经过多年的发展，已经建立了全国公共图书馆讲座联盟平台，将省市级图书馆的讲座资源与基层图书馆分享，从而促进基层图书馆讲座业务的开展和提升。比较而言，在高校图书馆业已开展的各种业务联盟中，缺少类似的讲座合作机制，对高校图书馆讲座业务的开展很不利。讲座资源的整理和开发利用是讲座创新的另外一个途径。讲座成果的整理和开发至关重要，它能够使讲座突破时空的限制，产生广泛、持久的影响，对树立与推广讲座品牌至关重要。各馆举办的讲座，如果能对同类主题、不同学者的讲座资源进行整合、开发利用，将会取得事半功倍、双赢或者多赢的效果。还可以借鉴国内外知名高校开设慕课课程的做法，积极整合已有的讲座资源，主动策划、制作和发布具有图书馆特色的讲座公开课，使得优秀的讲座资源能够服务社会大众，“国图公开课”在这方面已经迈出了可喜的一步，普通大众通过国图网站、“学习强国”平台等，都可以共享国图讲坛的讲座视频。

主要参考文献

北京大学图书馆. 2018. 北京大学图书馆［EO/OL］.［2018-9-17］. http：//media. lib. pku. edu. cn/index. php？m=content&c=index&a=lists&catid=33&sserial=3713

北京师范大学图书馆. 2019. 北京师范大学图书馆专家讲座［EO/OL］.［2019-4-17］. http：//www. lib. bnu. edu. cn/fw/xxsy/zjjz/index. htm

曹海英. 2017. 公共图书馆讲座实务［M］. 北京：国家图书馆出版社.

曹宁，张志清，等. 2010. 全国公共图书馆讲座工作论文集. 北京：北京图书馆出版社，38.

陈璟妍. 2018. 公共图书馆讲座宣传工作的推广策略——以上海市普陀区图书馆“苏州河名家讲坛”为例［J］. 传媒论坛 1（06）：105-106.

陈盈. 2013. 微信公众平台及其在图书馆移动服务中的应用与研究［J］. 图书馆学研究 2013（20）：71-75.

窦天芳，张成昱，等. 2011. 移动互联网与传统互联网的服务融合——以清华大学图书馆 WAP 网站建设为例［J］. 图书情报工作 55（09）：67-70，84.

国际图联/联合国教科文组织. 2002. 公共图书馆服务发展指南（中文版）［M］. 上海：上海科学技术文献出版社.

金小璞，毕新. 2017. 基于结构方程的移动图书馆用户体验满意度模型研究［J］. 情报科学 35（11）：94-98，131.

匡文波. 2012. 到底什么是新媒体［J］. 新闻与写作 2012（07）：24-27.

雷菊霞，等. 新环境下图书馆阅读推广工作探析［J］. 大学图书馆学报 2014（05）：86

-90.

李超平. 2013. 公共图书馆宣传推广与阅读促进［M］. 北京：北京师范大学出版社，77-78.

刘泳洁，陶倩. 2017. 我国图书馆员职业能力要素实证分析［J］. 图书情报工作 61（14）：6-14.

陆雄文. 2013. 管理学大辞典［M］. 上海：上海辞书出版，2013.

罗雁飞. 2013. 广告学概论［M］. 湖北：武汉大学出版社.

吕梅. 2005. 讲座是图书馆的一种核心业务——论及图书馆讲座及其品牌的建设［J］. 图书馆论坛 25（05）：50-52.

孟德泉，梁欣. 2014. 我国高校图书馆 WAP 网站导读服务现状研究［J］. 情报科学 32（10）：70-74.

缪玲玲，袁红卫. 2014. 我国公共图书馆微信服务调查研究［J］. 河南图书馆学刊 34（12）：17-19.

潘拥军. 2009. 论图书馆讲座品牌的管理——以“羊城学堂”为例［J］. 图书馆论坛 29（03）：161-163，152.

全国科学技术名词审定委员会事务中心. 2019. 术语在线［EO/OL］.［2019-04-05］. http：//www. termonline. cn/index. html

盛小平，陶倩. 2016. 美国 7 个图书馆员职业能力标准的比较分析［J］. 图书情报工作 60（24）：14-19.

孙玉艳. 2017. 移动互联网营销模式在高校图书馆阅读推广中的应用——以闽江学院图书馆“学术信息讲座”为例［J］. 图书馆研究 47（04）：76-80.

汤正午，高波. 2018. 高校图书馆微博直播推广服务调查［J］. 图书馆论坛 38（05）：71-78，70.

王波. 2017. 中外图书馆阅读推广活动研究［M］. 北京：海洋出版社，106-107.

王世伟. 2005. 图书馆讲座工作引论［J］. 图书馆学研究 2005（10）：84-86.

魏群义，侯桂楠，霍然. 2012. 移动图书馆理论研究与实践应用综述［J］. 图书情报知识 2012（01）：80-85.

吴可嘉. 2016. 网络环境下公共图书馆公益讲座的传播——以山西省图书馆“文源讲坛”为例［J］. 图书情报导刊 1（12）：47-51.

吴慰慈，董焱. 2008. 图书馆学概论［M］. 北京：国家图书馆出版社.

徐军华，覃仕莲. 2016. “互联网+”环境下省级公共图书馆公益讲座的现状及建议［J］. 图书情报工作 60（14）：75-83.

谢海华，文红峰. 2015. 省级公共图书馆文化志愿服务调查分析［J］. 图书馆工作与研究 2015（05）：92-95，112.

杨国富. 2018. 文化育人视域下高校图书馆的文化传承与创新——以浙江大学图书馆立体文化育人平台建设为例［J］. 大学图书馆学报 36（03）：84-87，118.

杨玲，张秋. 2017. 基于知识交流视角的国内外高校图书馆学术文化讲座实践与探索［J］. 图书馆建设 2017（07）：65-71.

岳修志. 2012. 基于问卷调查的高校阅读推广活动评价［J］. 大学图书馆学报 2012（05）：101-106.

曾志华. 2007. 论中国电视节目主持人文化影响力的本质特征［J］. 现代传播（中国传媒大学学报）2007（05）：11-15.

张玲，章文娟，茹海涛. 2008. 高校图书馆开展讲座服务的实践与思考——以北京师范大学图书馆“专家讲座”实践为例［J］. 现代情报 2008（11）：146-148，151.

张敏，郑勇. 2018. 项目管理视角的高校阅读推广团队建设［J］. 图书情报研究 11（02）：17-21.

张奇伟. 2017. 21 世纪的大学图书馆［M］. 北京：北京师范大学出版，219-229.

张水英，1999. 谈图书馆人员的继续教育［J］. 图书馆论坛 1999（03）：79-80.

张晓青. 2018. 国内图书馆移动服务存在的问题及对策——基于“985”高校图书馆移动服务平台的调查分析［J/OL］.［2018-09-14］. 情报理论与实践：1-8.

中国国家图书馆. 2018. 中国国家图书馆［EO/OL］.［2018-9-17］. http：//www.nlc.cn/

中国互联网络信息中心. 2018. 第 42 次《中国互联网络发展状况统计报告》.［EO/OL］.［2018-8-28］. http：//www.cac.gov.cn/2018-08/20/c_1123296882.htm

中国新闻出版研究院. 2018. 第十五次全国国民阅读调查报告［EO/OL］. ［2018-9-17］. http：//www. rmzxb. com. cn/c/2018-04-24/2034835. shtml

CASHL. 2018. "开世览文名师讲堂" 第十期成功举行［EO/OL］. ［2018-10-12］. https：//mp. weixin. qq. com/s/Si-_ e_ W01FHAeBahiJ0FbQ

UNESCO. 2019. World Book and Copyright Day［EO/OL］. ［2019-04-23］. https：//www. unesco. org/en/days/world-book-and-copyright

菲利普·科特勒，艾伦·R·安德里亚森，孟延春，等译. 2003. 非营利组织战略营销［M］. 北京：中国人民大学出版社，3-10.

后记

2019年初夏，在丘东江老师一再催促之下，这本小书终于脱稿了。

首先要特别感谢丛书主编丘东江先生，感谢丘先生主编的第五辑“二十一世纪图书馆学丛书”，使我们得以有机会梳理本馆近三十年的专家讲座工作。

北京师范大学图书馆自1990年起开始举办专家咨询和专家讲座，至2019年4月已经举办了380期，平均每学期6期。面向本校师生及社会读者，邀请国内外各学科领域著名专家学者主讲。讲座内容兼顾学科前沿及社会热点，三十年来，“专家讲座”受到校内外师生及媒体的关注和肯定。

其次要感谢本馆历年负责“专家讲座”的馆员。从手工抄写海报到如今利用移动网络和新媒体进行宣传，“专家讲座”走过了三十年的历程，负责组织工作的馆员包括杨正芳等近十位。在工作过程中，馆员们将点滴经验进行积累，经过茹海涛、张玲、高冉、章文娟、钊林真等多位馆员的不断修订，逐渐形成了一份简洁实用的“讲座秘籍”。随着讲座工作的日渐深入，我们也深感“讲座秘籍”需要完善，更需要规范化。恰逢丘东江老师征集“二十一世纪图书馆学丛书”选题，很荣幸能被纳入第五辑。但是在编写过程中遇到了很多难题，特别是多人撰写带来的内容交叉问题，给统稿带来很大困难，也令我十分纠结，一度有打退堂鼓的念头，是丘老师一次次的催稿和鼓励推动着我们完成了此稿。

作为本书的主编，在选择合作者、统稿和定稿时始终怀着认真的态度，也非常珍惜这次机会，但限于个人水平，错讹之处难以避免，敬请各位同人予以批评指正，非常感谢！

北京师范大学图书馆　雷菊霞
2019 年 4 月于京师园
Leijx@ bnu. edu. cn